ro
ro
ro

Zu diesem Buch

Kinder haben und einen Beruf dazu, das ist der programmierte Dauerstreß. Tagein, tagaus den Pflichten hinterherlaufen, im Job eine Umdrehung schneller funktionieren, ein schlechtes Gewissen haben, weil die Kinder vielleicht zu kurz kommen könnten. Dieses Buch will Müttern Mut machen, ab und zu für sich selbst zu sorgen, sich in der Hektik des Alltags Inseln zu schaffen, auf denen sie sich erholen und neue Kraft schöpfen können. Dabei hilft das von Anna von Münchhausen in der Praxis erprobte Verwöhnprogramm, das für gelungene Selbstbelohnung großzügig Punkte verteilt: drei Punkte für zwanzig Minuten Lesegenuß, zwei Punkte für eine Viertelstunde Telefonplausch mit der besten Freundin, vier Punkte für den Sportabend usw. Wenn ein größeres Punkte-Kontingent erreicht ist, gibt es eine Extrabelohnung: eine Kinokarte, einen Lippenstift, einen neuen Roman oder was sonst gerade der Seele schmeichelt.

Egoistisch? Kaum. Denn nichts tut Kindern so gut wie eine gutgelaunte Mana, die toben und lachen kann. «Eine Stunde für mich allein» will Müttern zurückgeben, was in ihrem Alltag oft auf der Strecke bleibt ... Lebenslust.

Anna von Münchhausen, geb. 1953, studierte in Hamburg und London Anglistik und Geschichte und arbeitet seit Jahren als Redakteurin bei der «Zeit». Sie ist verheiratet und hat zwei Kinder.

Anna von Münchhausen

Eine Stunde
für mich allein

Das Verwöhnprogramm
für gestreßte Mütter

Rowohlt Taschenbuch Verlag

Lektorat Micheline Rampe

Veröffentlicht im Rowohlt Taschenbuch Verlag GmbH,
Reinbek bei Hamburg, Mai 2001
Copyright © 1999 by Rowohlt Verlag GmbH,
Reinbek bei Hamburg
Umschlaggestaltung Susanne Müller
Foto: VCL / Bavaria
Gesamtherstellung Clausen & Bosse, Leck
Printed in Germany
ISBN 3 499 61127 9

Inhalt

Das kann doch eine Mutter nicht erschüttern

«Und wie schaffen Sie das?»

☙

Die ewig junge Frage

Warum passiert mir das immer wieder? Neulich erst, bei diesem Abendessen im kleinen Kreis.

Alles hätte ganz entspannt verlaufen können. Ich war so stolz, es noch geschafft zu haben: Pünktlich den Schreibtisch verlassen, nach Hause gehetzt. Auf dem Heimweg frisches Brot besorgt, den Kindern Abendbrot vorgesetzt, sogar noch jedem vorgelesen, je ein Kapitel aus «Pu der Bär» und «Der Brief für den König». In acht Minuten das Make-up aufgefrischt, umgezogen, ab ins Auto. Sogar der Babysitter war pünktlich. Und eigentlich hatte ich mich gefreut auf eine spritzige Unterhaltung, ein elegantes kleines Essen, einen guten Wein.

Den Mann zur Linken hatte ich noch nie zuvor gesehen. Mittleres Management, gut angezogen, leichter Bauchansatz. Ob er meinen angespannten Gesichtsausdruck zum Anlaß nahm zu fragen?

«Sie haben Kinder?»

«Gewiß.»

«Die sind wohl noch recht klein», hakt er nach.

«Was heißt noch?» antworte ich leichtfüßig. «Ich bin stolz auf jedes Jahr, das wir schon bewältigt haben.»

Er zögert einen Moment. Was soll das heißen, scheint er sich zu fragen. Verglichen mit dem, was ich so stemme Tag für Tag, ist das doch wohl ein Kinderspiel. Dann holt er aus. «Und Sie arbeiten, richtig full-time?»

Auch das bestätige ich und ahne, daß er jetzt die Keule herausholt. Warte nur, denke ich. Wir nehmen Witterung auf. Das Spielchen kenne ich. Du kriegst mich nicht so leicht. Ich habe dazugelernt. Männer wie du sind mir einfach zu häufig über den Weg gelaufen.

Und schon bewegen wir uns auf vermintem Gelände. Ich sehe es ihm an – er nimmt bereits Anlauf. Da hat er endlich eine vor sich, eine dieser selbstsüchtigen Ziegen, die erst Kinder in die Welt setzen, um Männer an sich zu binden, und wenn die Kleinen lästig werden, kann man sie ja immer noch der Tagesmutter in den Arm drücken. Oder gleich in der Krippe abgeben. Na warte. In ihm sträubt sich alles. So einer wollte er doch längst schon mal die Meinung sagen. Günstige Gelegenheit, jetzt.

Noch ein bißchen Butter in die Stimme gelegt, und dann kommt er aus der Deckung: «Und wie schaffen Sie das?»

Jetzt heißt es locker bleiben. Früher, das muß ich zugeben, wäre ich einem solchen Typen bei dieser Frage am liebsten ins Gesicht gesprungen. Hätte ihm mit meinen unlackierten Fingernägeln die Visage zerkratzt, ihn gepackt und geschüttelt vor Wut über diesen verlogenen Macho-Egoismus.

Die reine Zumutung, diese Frage. Ist jemals ein Mann auf die Idee gekommen zu überlegen, wie sich das vereinbaren ließe, Beruf und Familie? Kennt ein Vater das aus eigener Erfahrung, dieses tägliche Hetzen zwischen zwei verschiedenen Welten, der daheim und der im Job, die sich partout nicht vertragen wollen? Die uns, ritschratsch, jeden Tag in der Mitte zerreißen, wenn wir nicht all unsere Kräfte dagegen mobilisieren?

Ruhig, ganz ruhig. Ich habe kein einziges Männergesicht zerkratzt. Ich bin generöser geworden. Und bringe es deshalb inzwischen fertig, diese blöde Frage gelassen zu beantworten. Allerdings mit einer kleinen tückischen Wendung.

«Wie ich das schaffe, möchten Sie wissen?» Meine letzte Warnung. Jetzt habe ich dich gleich. «Ehrlich gesagt, habe ich oft den Eindruck, es überhaupt nicht zu schaffen.» An dieser Stelle setze ich eine kleine Kunstpause, um sein Mienenspiel im Auge zu behalten. Und dann ziehe ich meinen Trumpf aus dem Ärmel. Gerade, als er an sich halten muß, seine Genugtuung zu verbergen. Dachte er es sich nicht gleich? Wahrscheinlich sind die Kinder dieser Egomanin längst der Jugendbehörde übergeben. Rauchen, klauen und prügeln sich auf der Straße ...

«... aber das geht Ihnen sicher ähnlich, nicht wahr?» flöte ich und garniere meine Harmlosigkeit noch mit einem schmelzenden Augenaufschlag. «Das hören wir ja alle immer wieder. Wie sehr doch die meisten Väter darunter leiden, sich so wenig ihren Kindern widmen zu können. Wie soll sich da ein stabiles Vertrauensverhältnis bilden? Und muß man sich nicht auch mal überlegen, was das bedeutet, eine weitere Generation von Söhnen, die ihre Väter nur abends zum Gutenachtkuß sehen oder am Wochenende?»

Er starrt mich an. Der Coup ist geglückt. Damit hat er nicht gerechnet. Konnte es gar nicht, weil er sich so sicher war, daß seine Nachbarin in der Falle sitzen würde, die jetzt hinter ihm zugeschnappt ist.

Aber so schnell gibt er nicht auf. Die Unterhaltung nimmt eine abrupte Wendung. Er rückt den Stuhl ein wenig nach hinten, wendet sich mir jetzt mit einer Dreivierteldrehung zu. Wunder der Körpersprache! Und schon bekomme ich zu hören, wie unendlich viel ihm seine Kinder bedeuten. Und welche Mühe er sich gebe, ihnen ein guter Vater zu sein. Allen Hindernissen zum Trotz – okay, beinahe allen Hindernissen zum Trotz, besser gesagt. So hat er sich beispielsweise angewöhnt, bei Geschäftsreisen mit der letzten Abendmaschine zurückzufliegen, um am nächsten Morgen die Kinder zehn Minuten am Frühstückstisch zu erleben. Zweimal in der Woche fährt er den Kleinen morgens zum Kindergarten. Ja, das macht er! Und als das Baby Keuchhusten hatte, ist auch er nachts mit ihm in der Wohnung herumspaziert. Jedenfalls in den ersten Tagen ...

Ist das nicht tatsächlich vorbildlich?

Wie schaffen es Männer nur so lässig, berufstätige Väter zu sein? Väter, die sich niemals vor anderen Menschen dafür zu rechtfertigen haben, ob ihre Kinder nicht vernachlässigt und unterversorgt sind. Väter, die sich niemals aus Konferenzen fortgeschlichen haben, weil sie wußten, zu Hause stockt der Tageslauf, wenn nicht bald ein Abendbrot auf dem Tisch steht. Väter, die nicht jeden Tag diesen gewaltigen Anspruch an sich stellen: Da sein zu müssen, wenn sich ein Junge beim Fahrradsturz den Zahn ausgeschlagen hat oder ein

Mädchen die beste Freundin schrecklich vermißt, die in eine andere Stadt gezogen ist.

In sehr schwachen Augenblicken kann uns der Gedanke an diese berufstätigen Väter, allesamt offenbar Männer ohne Gewissen, ein wenig trösten. Bei mir hält diese Art Beruhigung nicht lange vor. Dann brauche ich eine Ermutigung.

Auch erst ein paar Tage her, da saß ich im zugigen Reitstall zusammen mit Christine. Unsere beiden Töchter, pferdevernarrt wie sich das gehört, mühten sich redlich mit dem störrischen Pony ab. Zeit für einen kleinen Plausch unter Müttern. «Wie läuft's», frage ich. Sie: «Och, ich weiß nicht. Alles nicht so toll. Manchmal habe ich den Eindruck, ich habe mich falsch entschieden, damals. Noch ein paar Jahre, und Stefanie und Tim brauchen mich nicht mehr. Was dann? Mich nimmt doch keiner mehr. Drei Jahre Berufserfahrung als Graphikerin, vor dreizehn Jahren! Lächerlich. Da kann ich einpacken. Vielleicht sollte ich jetzt schon mal einen Kurs in der Volkshochschule belegen. Seidenmalerei für überflüssige Mütter oder so … Weißt du, was ich manchmal denke? Wir Frauen haben nur eine Wahl: zwischen Streß und Frust. Streß, das ist dein Programm: ewig abgehetzt, immer voller Panik, die Kinder könnten zu kurz kommen. Frust, das ist mein Alltag: In einer Art Gefühlsüberschwang habe ich mich damals entschieden, die Kinder zu begleiten, bis sie wirklich selbständig sind. Aber was das bedeutet und wieviel Substanz das kostet, wie wenig ich zurückbekomme, wie mein Selbstbewußtsein im Lauf der Jahre sich in nichts auflöst, davon hatte ich damals keinen blassen

Schimmer ... Und manchmal liege ich nachts wach und habe Panik, daß Andreas uns verlassen könnte. Ich bin doch total hilflos ...»

Schon richtig, denke ich, als ich noch einen Arm voll Heu in die Box werfe. Daß ich im Job geblieben bin, erfordert einen einzigen Mega-Kompromiß, und zwar für etliche Jahre, obendrauf noch weitgehenden Verzicht auf Freizeit. Organisationstalent ist die mindeste Voraussetzung, Opferbereitschaft nach Möglichkeit noch dazu. Außer meiner eigenen Mutter gibt es keinen einzigen Menschen, der Mitleid mit mir hat. Ein paarmal habe ich mir sagen lassen müssen, ich sei egoistisch und karrieresüchtig. Aber immer, selbst in den kritischen Momenten, habe ich gewußt: Anders wäre es nicht gegangen. In der warmen Küche hocken zu bleiben hätte mich kreuzunglücklich gemacht und meinen Kindern wohl auch nicht gutgetan ... Ich wäre kaputtgegangen an der Erkenntnis, daß da draußen die Welt sich ohne mich dreht.

Statt Frust also den Streß gewählt. Ein für allemal? Wie furchtbar, immer dem Anspruch hinterherzulaufen. Warum nicht einmal gegensteuern? Nicht aufreiben lassen. Nicht immer rennen, regeln, hetzen, damit die Kinder nichts vermissen.

Dieses Buch hat nichts zu tun mit Besserwisserei. Es ist das Ergebnis eines Selbstversuchs. Ein rasanter Wettlauf gegen die Uhr, um der Zeit eine Fratze zu schneiden.

Was das heißt? Zum einen, daß wir uns den Faktor Zeit, der so dramatisch unseren Alltag bestimmt, zerlegen in überschaubare Einzelteile. Wieso nehmen wir uns immer mehr vor, als wir schaffen können? Woher kommt der blöde Perfektionismus, überall gut zu sein? Warum gehen Frauenuhren anders? Wieso bummeln Kinder gern, wenn sie spüren, wir haben es eilig?

Die Minuten und Viertelstunden, die sich auf diese Weise gewinnen lassen, sind der Rohstoff, der Verwöhnung bringt. Mein Super-Sechs-Programm zum Beispiel. Im Grunde ist es nur eine Art Hinweisschild. Tu was für dich selbst. Paß auf dich auf. Tapp bloß nicht in diese Mama-Falle: ständig gehetzt, ewig vorwurfsvoll und nie gelassen genug, um mal etwas laufenzulassen.

«Nur ich, ich denk an mich.» Der Satz ist für Mütter geradezu überlebenswichtig. Versuch, dir selbst auch etwas Gutes zu tun. Nähe schaffen, freundlich bleiben, gelassen und ausgeglichen, sensibel die Gefühlsschwankungen in der Familie austarieren, das hat eben auch damit zu tun, daß wir eine innere Balance finden und halten. Vergiß nicht, daß du selbst auch ein paar Bedürfnisse hast, die nicht immer zur Seite geschoben werden wollen. Was für ein Freiheitskampf!

Im Grunde geht es um gestohlene Minuten. Um Pausen und Päuschen. Durchatmen, Augen schließen, mal nicht müssen. Kleine Inseln im hektischen Tageslauf, die der gnadenlosen Effizienz abgerungen werden, zu der wir nun einmal verdammt sind. Was man im Englischen so hübsch *pampering* nennt.

Zum Beispiel: morgens ein Bad nehmen, statt unter die Dusche zu springen, und hinterher noch eine kleine Bürstenmassage. Zwei Punkte! Mitten am Tag ein Telefonplausch mit der Freundin, ohne daß etwas geregelt werden muß. Zwei Punkte dazu. Am Sonntagmorgen sich umdrehen und sagen: Macht euch das Frühstück selbst, Liebster, und geh schon mal mit Knopf und Knöpfchen in den Park. Ich komme in einer Stunde nach. Sind gleich drei Punkte drauf. Und so weiter – ist der Anfang erst einmal gemacht, dann ergeben sich die Gelegenheiten schon von selbst.

Etwa seit fünf Jahren begleitet dieses Programm mich nun schon. Und seither ist alles gut, ein Alltag voller Frieden und Harmonie? Schön wäre es … Nein, auch ich komme längst nicht jeden Tag so weit, wie ich es mir wünsche. Wenn ich es aber doch geschafft habe, dann steht in meinem Taschenkalender eine rot eingerahmte «6», auch mal eine «8», an goldenen Ferientagen gar eine «10», selten genug.

Wenn ich durch die vergangenen Wochen zurückblättere, stoße ich auf ein realistisches Mittelmaß: An drei Tagen der Woche habe ich den Erfolg notiert, die anderen Tage bleiben frei.

Auch das ist ein wichtiges Detail: Es gibt keine Strafpunkte für nicht geschaffte Tage, Punktabzüge schon gar nicht. Denn mein Programm ist ausschließlich eine Belohnung, keine Strafaktion. Bleibt das Ziel unerreicht – schade, aber kein Beinbruch. Neuer Tag, neues Glück, neuer Versuch. So einfach soll es sein. Nur keine weiteren Hürden aufbauen im pannenanfälligen Alltag.

Klar: Von selbst läuft das nicht, und immer wieder droht der Alltag, uns die kleinen Fluchten zu verbauen. Doch es gibt ein paar Tricks und Strategien, die dabei helfen, unsere kühnen Vorsätze auch in die Tat umzusetzen. Davon wird noch die Rede sein.

Dieses Buch ist kein Ratgeber. Es ist kein Leitfaden

und kein Notfall-Nachschlagewerk. Es ist die Geschichte einer doppelt bis dreifach belasteten Mutter, die versucht hat, den Kopf oben zu behalten, zwischen den Schultern, da wo er hingehört. Und die dabei einige bemerkenswerte Erfahrungen gemacht hat, von denen sie annimmt, daß sie anderen Frauen in ähnlicher Situation ein wenig von dem zurückgeben könnte, was wir alle brauchen: Zuversicht, Selbstvertrauen und Lebenslust.

«Mutter sein dagegen sehr»

✎

Jetzt aber ein Kind!

Der Mythos vom idealen Zeitpunkt

Wir sind gute Verdrängerinnen. Gibt es nicht immer Gründe, mit dem Baby ein wenig zu warten, diese bedrohliche Frage noch ein wenig zurückzustellen? Insgeheim schlagen sich nahezu alle Frauen zwischen 20 und 45 Jahren mit der Frage herum, wann sie wohl am besten Mutter werden sollten.

Es gibt viele Antworten darauf. Keine paßt wirklich. Ein Segen, daß wir uns die Mutterschaft heute einrichten können. So denken wir jedenfalls noch zu Beginn. Bis uns dann die Erfahrung einige unbequeme Einsichten aufhalst. Daß es wichtig ist, eine Ausbildung abzuschließen. Daß wir gut daran tun, möglichst vielfältige Angebote in der Berufswelt zu testen, ehe wir uns sicher sind, wo unsere Stärken liegen und was nicht unser Ding ist. Daß es Männer gibt, die mit Kindern gar nichts am Hut haben – vorerst zumindest und bis auf weiteres. Daß wir selbst uns plötzlich nicht mehr so sicher sind, ob wir diese verdammte Langzeit-Verantwortung übernehmen wollen.

Sind wir dafür überhaupt geeignet – so vom Temperament her? Geduldig genug? Liebevoll dazu? Schaffen wir das, konsequent zu erziehen, wo wir doch noch gut damit zu tun haben, uns selbst zu organisieren?

Und schließlich, diese Ausrede zieht immer: Solange diese chaotische, unmenschliche, brutale Welt ist, wie sie ist, tut man jedem Kind einen Gefallen, dem man sie erspart. Zukunft – ist die überhaupt machbar?

Ob mit 20, 30 oder 40 Jahren: Jeder Frau wird es leichtfallen, auf der Stelle Gründe aufzuzählen, die gerade zu diesem Augenblick gegen das Kind sprechen. Gerade jetzt, wo ich im Job mehr Verantwortung trage und zeigen will, daß ich es packe? Gerade jetzt, wo ich in der Probezeit stecke? Gerade jetzt, wo wir die Wochenendbeziehung testen? Gerade jetzt, wo wir diese phantastische USA-Reise gebucht haben? O no, Baby.

So rotieren die Gedanken, und wie von selbst summieren sie sich zu der Antwort: besser nicht. Schade zwar, aber so ist es eben. Und so kommt es, daß wir uns am liebsten überhaupt nicht mehr entscheiden wollen.

Warum? Weil es den idealen Zeitpunkt für ein Kind definitiv überhaupt nicht gibt. Zum Glück sind die Zeiten vorbei, als Gynäkologen mit ihrem handfesten Charme schon Dreißigjährige als «späte Erstgebärende» titulierten.

Ich habe noch keine einzige Frau getroffen, die rundheraus sagte: «Besser hätte es nicht kommen können.» Schwangerschaft, so drückt es eine erfahrene Hamburger Psychologin aus, ist immer erst einmal ein ambivalentes Gefühl. Wir zweifeln, ob wir uns das zutrauen sollen. Wir fühlen uns überfordert. Wir haben eine Riesenangst vor dem, was da auf uns zurollt. Und bevor der Zug endgültig abgefahren ist, überlegen wir uns gut, ob er nicht noch zu stoppen ist.

Das ist nicht dumm. Denn diese Stimme da drinnen, die so häufig richtig liegt, sagt uns, daß dieser Augenblick tatsächlich der letzte ist, um den Dingen noch einen Dreh zu geben. Daß wir im Zweifel auf ziemlich viel werden verzichten müssen.

Mitten in diese Kopf-Zweifel treffen uns oft auch noch körperliche Beschwerden. Es soll ja Schwangere geben, die davon nichts wissen. Anderen ist sozusagen durchgehend übel, die Beine knicken weg, der Kreislauf spielt Achterbahn, und jeder Weg wird danach gewählt, ob unterwegs wohl schnell eine Toilette erreichbar ist. Kein idealer Zustand, um in Ruhe darüber nachzudenken, ob man sich zutraut, eine gute Mutter zu werden.

Mit anderen Worten: In der Regel ist die Situation zu Beginn der Schwangerschaft so, daß immer eine Menge dagegen spricht, sie fortzusetzen.

Wenn wir dann aber dieses Ziehen spüren und uns dabei erwischen, daß wir auf der Straße plötzlich in Buggys hineinblinzeln; wenn wir uns plötzlich vorstellen, wie die Ohrläppchen des Liebsten wohl *en miniature* aussähen, uns unverhofft für Fotos interessieren, die das Balg vom Kollegen nach der ersten Breimahlzeit zeigen, am Kiosk nachgucken, welche Ratschläge denn «Eltern» in diesem Monat bereithält – dann, ja, dann heißt es: hineinspringen und hoffen, daß es klappt.

Ist es soweit, daß der Test den berühmten Strich zeigt, decken wir uns erst einmal mit einigen dieser «Schwanger – na und?»-Bücher ein. Kein anderer Bereich der menschlichen Erfahrung ist derartig lückenlos von Ratgeber-Angeboten durchsetzt wie die neun Monate vor der Geburt. Merkwürdig dennoch, wie selten davon die Rede ist, daß diese Fragen von Frauen gelöst werden müssen, die in der Regel auch vorher gut ausgelastet waren, nämlich durch ihren Beruf. Da werden die aufregenden Minuten der ersten Ultraschalluntersuchung beschrieben, da wird erklärt, wie ernst wir Spurenelemente wie Folsäure und Magnesium nehmen müssen, und das Gefühl ausgeleuchtet, den Mutterpaß in die Hand gedrückt zu bekommen. Hier und da fällt auch noch ein Wort über den Kündigungsschutz und die Arbeiten, die eine Schwangere besser nicht verrichten sollte.

Nur von der Frage, wie es weitergeht, später, nach dem großen Tag X, ist höchstens beiläufig die Rede.

Ist das womöglich der Grund dafür, daß es zwei Arten von Schwangeren gibt? Die rundweg auf der Stelle obermütterlichen mit dem gewissen nach innen gerichteten Blick, die auf der Stelle nur noch rosa sehen. Sie sitzen im Schaukelstuhl, das Strickzeug einen Moment lang zur Seite gelegt und sinnen, ob das Kleine wohl gerade vom Fruchtwasser träumt. Schon im dritten Monat können sie die Periduralanästhesie erläutern und haben sich zum besten Geburtsvorbereitungskurs der Stadt angemeldet.

Ganz anders die Stählernen. Sie zwängen sich ins Business-Kostüm mit Gummizug im Rock und verzichten keineswegs auf den hohen Absatz, nur weil der Arzt vor Krampfadern gewarnt hat. Jede Anteilnahme beantworten sie mit einem Blick, der zu sagen scheint: «Fragen Sie bloß nicht, wann das Kind kommt. Ich bin bei allen Konferenzen dabei, bis die Preßwehen einsetzen.»

Soviel Disziplin! Wunderbar. Sie werden das gebrauchen können. Es gibt immer mehr Frauen, die Schwangerschaft für eine Art sportlicher Herausforderung halten. Schonung? Albern. Geburtsvorbereitung? Na, das kriegt man doch an einem Wochenende hin.

Die Super-Schwangeren und die Fast-gar-nicht-Schwangeren sind sich ähnlicher, als es auf den ersten Blick scheint. Beide nämlich versuchen sich auf ihre Weise auf eine kommende Herausforderung vorzubereiten, die ihnen höchst unheimlich ist. Das Leben wird nicht mehr so sein wie zuvor, soviel zeichnet sich ab. Aber wie es denn sein wird und wie sie es hinbekommen sollen, das verrät ihnen auch der ausführlichste Ratgeber nicht.

Dafür aber gibt es dann noch die Obermütter und Bescheidwisserinnen. Die verteidigen mit Zähnen und Klauen den eigenen Lebensentwurf. Haben sie nicht alles der Familie geopfert – Beruf, Talent, Unabhängigkeit? Und schon machen sie den armen Mutter-Lehrlingen die Hölle heiß. Was, du willst «hinterher» weiterarbeiten? Hast du dir das auch gut überlegt? Kannst du mir bitte schön erklären, warum du dann überhaupt ein Kind willst? Na, wenn du das mal schaffst … Was sagt überhaupt dein Chef dazu?

Und zack, steckt die Noch-nicht-Mutter mittendrin im schönsten Ideologie-Kampf, der die Schwestern hierzulande immer noch spaltet wie nirgendwo sonst.

Wenn man sich seiner Sache sicher ist, dieses tollkühne Experiment «Ich will alles – na und?» zu unternehmen, steckt man diese Fragen locker weg. Anders, wenn der innere Dialog noch zu keinem Ergebnis gekommen ist. Ganz Mama? O Baby, dabei geh ich drauf. *Working mummy?* Hilfe, das reißt mich auseinander. Wenn in diese Stimmung hinein eine dieser mustergültigen, aufopferungsfreudigen, alles der Familie unterordnenden Supermamas ihre spitzen Fragen stößt, wird es heikel. Dann braucht es den Beistand von Müttern, die es anders gemacht haben. Die sagen: Auch Kinder von arbeitenden Müttern können glücklich sein. Jawohl, es gibt ein Leben nach dem Kind, und du kannst trotzdem eine richtig gute Mutter sein.

Neulich erzählte eine Deutsche, die seit Jahren in Frankreich lebt, von ihren verblüffenden Erfahrungen mit dem Kinderkriegen in unserem Nachbarland. Schon bei der Geburtsvorbereitung drängten sich die Unterschiede auf. Väter lassen sich in den Kursen selten blicken; offenbar halten sie ihr Talent, das richtige Atmen bei den Preßwehen zu erlernen, für begrenzt. Einige wenige begleiten die zukünftige Mutter ihres Kindes wenigstens bei dem Vorstellungstermin in der Klinik. Wobei der deutschen Mama auffiel, daß ihre französischen Freundinnen durchweg auf der Periduralanästhesie bestanden und keinerlei Ehrgeiz zeigten, die Geburt auf «natürliche Weise» durchzustehen.

Noch größere Kulturunterschiede zeigten sich beim Thema Stillen. Die gute Angelika war fest entschlossen, ihrem Kind nur das Beste, Muttermilch nämlich, zu geben, und stellte überrascht fest, daß die anderen Frauen nicht im Traum daran dachten. «Ça me dit rien», erklärten sie. Keine Lust. Nicht, daß sie die praktischen Seiten dieser Ernährungsmethode ignorierten. Nein, in der Regel nehmen Französinnen schon zweieinhalb Monate nach der Geburt des Kindes ihre Arbeit wieder auf. Und sie wissen offenbar, daß das Stillen enorme Kräfte frißt. Kräfte, die ihnen fehlen, wenn sie ihren gewohnten Alltag wiederaufnehmen. Überdies schonen sie ihre Nerven, weil nachts der Papa das Fläschchen geben kann.

Um nicht falsch verstanden zu werden: Stillen ist wunderbar und unter bestimmten Gesichtspunkten ungeheuer praktisch. Das Beispiel belegt lediglich, daß es verschiedene Antworten geben kann auf Fragen rund um die Geburt und die ersten Lebensmonate. Wir sollten herausfinden, welche der möglichen Antworten auf unsere Situation paßt. Es gibt sowieso kein verläßliches Richtig oder Falsch. Die Dogmen der Experten lassen wir deshalb am besten ziemlich weit links liegen. Pragmatisch, nicht perfekt. Eine Formel, die sich durch dieses Buch ziehen wird wie ein roter Faden.

Das soll auch eine Warnung sein: Hier werden Erfahrungen und Lösungen einer Mutter ausgebreitet, die der Spagat zwischen Familie und Beruf gestählt hat. Sie hat viele Kompromisse geschlossen; Kompromisse, die Kräfte gefressen haben. Und dennoch würde sie es heute, dumm und unbelehrbar wie sie ist, wohl noch einmal genauso machen. Und weil sie damals genau eine solche sture, pragmatische, unperfekte, ehrgeizige, zu allem entschlossene Mutter vermißt hat, die einfach nicht ihren Platz in der Welt da draußen aufgeben wollte, hat sie sich vorgenommen, anderen Mut zu machen.

Darum geht es, unter anderem, auf diesen Seiten: daß wir Mütter uns nicht so mir nichts, dir nichts nach Hause schicken lassen und uns für Jahre hinter der Familienidylle verstecken. Sondern daß wir einfach mal behaupten, mit unseren Fähigkeiten, unserem Organisationstalent und unserem Einfühlungsvermögen sehr wohl auch der Arbeitswelt Impulse geben zu können, die sie braucht. Dringend braucht.

Es ist da – und mit ihm die helle Panik

Warum die Welt mit Kind so anders aussieht

Nein, kein Geburtsbericht an dieser Stelle. Nur soviel: Der Glücksschwall der Endorphine, der nach den überstandenen Schmerzen reich belohnt, ist ziemlich schnell verflogen.

Jede Mutter hält ihr Baby für das mit Abstand hinreißendste der westlichen Hemisphäre, dazu noch ausnehmend intelligent. Knopf hat außerdem, reichlich kühn, gleich nach der Geburt seinen Vater in hohem Bogen angepinkelt. Geburtshelfer und Hebamme deuteten das als Glückszeichen. Ich hingegen, beeindruckt von soviel männlicher Entschlossenheit und Aufmüpfigkeit, erkannte darin Charakterstärke. Sie hat sich bis heute erhalten. Sein gezieltes Schreien, nicht hysterisch quiekend, sondern jungenhaft kräftig, ließ erkennen, daß er lernen wollte, sich im Leben durchzusetzen.

Doch was folgte, war eine Zeit der Prüfungen, denn ich hatte nur nebulöse Vorstellungen vom Tages- und Nachtlauf eines Säuglings. Wenn ich heute in meinem

Tagebuch nachlese, was in jenen Wochen los war, bricht mir auf der Stelle wieder der Schweiß aus. Nehmen wir einen beliebigen Dienstag:

5.40 Uhr Gestillt, zwischendurch gewickelt. Knopf schlief nicht ein danach, fand es netter, auf dem Arm getragen zu werden. Schuckelschuckel; zum Glück hat W. schon Tee gemacht. Soll nicht soviel davon trinken, sagt die Hebamme. Macht das Kind unruhig. Noch mal zwanzig Minuten geschlafen.

8.00 Uhr Geduscht! Ging nur, weil W. das unruhige Baby nahm und mit ihm draußen eine Runde machte, bevor er ins Büro verschwand.

8.45 Uhr Knopf fertig gemacht, heute Untersuchung beim Kinderarzt. Immer zur Unzeit, so ein Termin. Aber wie soll ich drei Tage vorher wissen, um welche Uhrzeit er vormittags satt und zufrieden sein wird? Flasche mit Fencheltee mitgenommen, aber im Wartezimmer knötterte er los, Untersuchung o. k., schnell nach Hause. Auf der fünfminütigen Autofahrt hatte ich den Eindruck, sein Geschrei bringe die Windschutzscheibe zum Bersten. Jetzt bloß keinen Unfall bauen.

9.50 Uhr Gestillt. Hatte irgendwie das Gefühl, es war nicht genug. Während Knopf schlief, staubgesaugt; wollte eigentlich einkaufen, traute mich aber nicht weg.

11.00 Uhr Knopf gewickelt, mit Teefläschchen nach draußen, zur Bank und zum Einkaufen. Frau G.: Oh, der hat aber schon Bäckchen. Kein Wunder …

12.40 Uhr Knopf schlief noch im Kinderwagen. Schnell die Wäsche abgenommen. Wann soll ich das bloß bügeln?

13.00 Uhr Hatte gedacht, ich könnte noch einen Happen essen, bevor die nächste Milch fließen muß. Von wegen. Wie ein Haifisch schnappt er nach dem Busen, als hätte er tagelang gehungert. Wenn das so weitergeht, muß ich eine Mastkur machen. Gewickelt und ihn in den Wipper gesetzt. Was für eine dumme Idee, fand mein Kleiner. Er knötterte und war unruhig. Blähungen. Was habe ich denn heute bloß gegessen – die Paprika? Nein, das war doch gestern. Oder? Ich kann mich beim besten Willen nicht erinnern.

Überhaupt: Allmählich bin ich mir sicher, daß der Körper Muttermilch aus verflüssigter Gehirnmasse herstellt. Mein Kopf fühlt sich an wie Watte, mitten im Satz verliere ich den Faden und weiß nicht mehr, was ich eigentlich mitzuteilen hatte. Außerdem leide ich unter Wortfindungsschwierigkeiten. Das kann ja noch lustig werden ...

16.00 Uhr Beinahe hätte ich es vergessen: Ehepaar T. wollte doch vorbeikommen, um das Baby zu bestaunen. Da stehen sie schon vor der Tür, mit Blumen und Geschenk. Mist. Ich wollte doch noch Kuchen besorgen. Alles, was ich ihnen bieten kann, ist ein schlafender Engelsknabe (ausgerechnet jetzt) und eine Mutter mit dunklen Ringen unter den Augen, bespuckter Bluse, ungewaschenen Haaren und eine ziemlich chaotische Wohnung (Pampers-Packung im Flur, Bügelwäsche im Wohnzimmer, ungemachte Betten).

Zum Glück brauche ich mich nicht zu entschuldigen: Sie haben selbst drei Kinder und wissen, wie einer Wöchnerin zumute ist. Frau T. macht in der Küche Tee, während ich den süßen Knopf schon wieder stillen muß. Als sie gehen, trösten sie mich sogar: So geht es allen, reg dich nicht auf, wir haben es auch hinter uns gebracht.

18.00 Uhr Warum muß W. ausgerechnet jetzt so spät kommen? Ich würde mir gern eine doppelte Portion Spaghetti kochen, bevor der Piranha mich das nächste Mal anspringt.

Komme nicht dazu, weil dreimal das Telefon geklingelt hat. Nie habe ich geahnt, welchen Streß so ein dummes Telefon für eine junge Mutter auslösen kann. Jedesmal die gleiche Frage: Soll ich das Risiko eingehen, das Baby in den Stubenwagen zu legen, und abwarten, ob er sich dort wohl fühlt? Oder ihn lieber gleich auf dem Arm behalten, den Hörer zwischen Ohr und Schulter geklemmt und nicht so ganz bei der Sache? Und wo habe ich jetzt wieder die Spuckwindel liegengelassen? Ich lerne es nie. Schwiegermutter ist es, erkundigt sich, ob ihr Rezept mit dem gequetschten Fenchel wohl geholfen hat. Leider nein, Aber das behalte ich besser für mich.

19.30 Uhr Der junge Vater kommt. Und bringt einen großen Sack Liebe, Zuwendung und Geduld mit; ihm fällt das alles soviel leichter als mir. Ein ziemlich bedrohlicher Gedanke.

Ich bin vollkommen platt, mit welch sicherem Instinkt ich diesen traumhaften Säuglingsvater für mein Kind ausgewählt habe. Er schäkert mit ihm, schleppt ihn unermüdlich durch die Wohnung. Ein toller Griff übrigens: Spucktuch über die Schulter und das Baby so weit darüber gelegt, daß der Kopf richtig nach unten hängt. Offenbar ist das eine Erinnerung an die Lage im Mutterleib. Vielleicht wirkt sich auch der gleichbleibende Druck der Schulter in der Magengegend hilfreich aus für kleine Milchbäuche. Dazu ein bißchen Wiegeschritt, Herumgehen, tiefe Brummlaute ... Bitte, scheint W. mir vorzuführen, es ist doch alles nicht so dramatisch, wie du es schilderst. Mit ein wenig Gelassenheit muß ein Babyalltag doch auf die Reihe zu bringen sein. Jaja, zischele ich, ein paar Stunden sind etwas anderes als einmal um die ganze Uhr ...

Abends halten die beiden eine intime Badestunde ab. Bin erleichtert, mal nicht gebraucht zu werden. Schnell, einen Blick in die Zeitung werfen. Aber nachdem ich einen einfachen Satz dreimal gelesen und ihn immer noch nicht aufgenommen habe, breche ich ab ...

Was für ein Vergnügen, ein so propperes, duftendes Bübchen an den Busen gelegt zu bekommen, und endlich bin ich auch zu den ersehnten Spaghetti alio et oglio gekommen. Auf der Stelle habe ich den Eindruck, nahrhafte Kohlehydrate machen die Muttermilch gehaltvoll genug für ein paar Stunden ungestörter Nachtruhe.

24.00 Uhr Drei Stunden hat die Mahlzeit vorgehalten ... Ich bin so müde beim Stillen, daß mein Kopf nach vorne fällt, während ich im Stuhl sitze. Knopf braucht ewig, bis er die Luft wieder losgeworden ist, die er beim hastigen Trinken mitgeschluckt hat.

Zwischendurch sieht er mich sehr versonnen an mit seinen hinreißenden blauen Babyaugen, und ich spiele mit seinen Fingerchen. Wie still es draußen ist, eine laue Sommernacht, sacht raschelt der Wind in der Akazie draußen. Wie schön wäre das alles, wenn ich nicht so grauenhaft müde wäre ... Und spätestens um vier werde ich es wieder hören, dieses kleine Ächzen und Schnaufen, das mir gilt. Hunger, Mami. Komm her, ich brauch dich. Er ist das süßeste Kind der Welt. Er hätte eine bessere Mutter als mich verdient ...

Ja, es sind verwirrende Gefühlslagen, die uns in diesen ersten Wochen hin und her schleudern.

Als erstes ging mir jegliches Zeitgefühl verloren. Ob es acht Uhr morgens, zwei Uhr mittags oder sieben Uhr abends war – es war sozusagen immer fünf vor zwölf. Das Kind hatte Hunger, und ich war in Panik, ob ich ihm genug zu bieten hatte. Mein dummer Perfektionstrieb schrieb mir vor, ich müßte unbedingt und koste es was es wolle dieses Baby mit Muttermilch versorgen und mit nichts anderem.

Heute, aus der abgeklärten Distanz heraus, erkenne ich schon darin jenen verhängnisvollen Kompensationstrieb, der mich noch so oft in die Enge treiben sollte.

Mein Wunsch und fester Wille waren schon damals, in den Job zurückzukehren, sobald mein Kind einen einigermaßen stabilen Zustand erreicht hatte. Wenn er etwa fünf Monate alt wäre, so hatte ich es mir zurechtgelegt, würde ich ihn, abgestillt und löffelgewohnt, einer kompetenten und zuverlässigen Tagesmutter in den Arm drücken und mich wieder an meinen Schreibtisch setzen, und nach drei Tagen würden meine Kollegen mir bescheinigen, ich sei ganz die alte. Schnell, effizient und zielstrebig. Man merke ja überhaupt nicht, daß ich jetzt auch noch einen anderen Beruf hätte ... Ein Gedanke, der mir ziemlich gut gefiel.

Bald dämmerte mir, daß diese Vorstellung so einfach nicht zu realisieren sein würde. Natürlich sollte mein hinreißender Sohn nichts vermissen, und deshalb wollte ich ihn in der Zeit, die ganz ihm gewidmet war, eben voll stillen. Der Weleda-Milchbildungstee war mein Verbündeter dabei. Nebenbei allerdings gedachte ich auch, ruckzuck Diät zu halten, um rasch wieder in schmale Röcke zu passen.

Nun, was soll ich sagen, dieser gegenseitige Gewöhnungsprozeß mit seinen vollkommen durcheinandergeratenen Stundenplänen, mit der perforierten Nachtruhe, mit kleinen Erkältungen, mit einer Schar von Besuchern, mit einem völlig vernachlässigten Haushalt, führte dazu, daß ich innerhalb von drei Wochen nur noch ein Schatten meiner selbst war. Schlimmer als die Tatsache, daß ich oft erst mittags gegen 14 Uhr für ein paar Minuten unter die Dusche springen konnte, war allerdings das Gefühl, eine Versagerin auf der ganzen Linie zu sein. Warum? Weil ich meinem hinreißenden Kind, diesem rücksichtslosen Egoisten, eine miserable Mutter war.

Unvergeßlich, dieser Anruf meiner Großmutter. Bei ihrem Besuch mußte sie gespürt haben, daß ich am Ende meiner Kräfte war. Aber anstatt mich aufzubauen, gab es Ermahnungen: «Gib ihm Liebe. Du bekommst es tausendfach zurück.» Ich war wütend. Liebesverpflichtung, das kam mir gerade recht. Gab ich nicht mein letztes? War ich nicht geradezu auf dem Weg, eine dämpfige Mutterstute zu werden, genau das, was ich immer hatte vermeiden wollen?

Klar, er hatte ein Recht darauf, versorgt zu werden. Seine Bedürfnisse, Schlaf, Milch, eine saubere Windel, waren meine Aufgaben; und irgendwie meisterte ich sie auch – aber ich war erschöpft, dünnhäutig und ohne jede Freude bei dieser Sache, erfüllt von der Erkenntnis, daß ich mich geirrt hatte. Ich hatte geglaubt, eine halbwegs ordentliche Mutter geben zu können. Was ich leistete, war so eine Art Pflegegrundversorgung, und die kostete mich soviel Kraft, daß ich mit Schaudern daran dachte, wie ich diese Aufgabe zwanzig Jahre durchhalten sollte.

Mit anderen Worten: Ich hatte eine klassische postnatale Depression, und wenn mir jemand auf die Schulter klopfte, um mir zu sagen: «Paß auf, das haben andere auch hinter sich gebracht», konnte ich nur den Kopf schütteln und insgeheim erwidern: Bei mir ist es schlimmer.

Ich saß da in meinem bequemen Stuhl, Kissen im Rücken, Baby auf dem Arm, und während er mit diesen süßen kleinen Schmatzlauten seinen Hunger stillte, sah ich den Flugzeugen nach, die über unser Haus hinweg starteten, morgens um halb acht. Ich sah sie dann vor mir, die effizienten Business-Class-Passagiere, männlich und weiblich, mit dem Köfferchen voller wichtiger Unterlagen, mit Handy und Laptop unterwegs zu Konferenzen, Messen, Vertragsverhandlungen, Interviews und Drehterminen.

Und ich dachte: Du warst auch mal dabei. Aus. Vorbei. Du bist jetzt Mami. Nie wieder wirst du dazugehören. Sie sind nicht mehr einzuholen. Du hast eine Entscheidung getroffen, und diese Entscheidung bedeutet, daß du dich ein für alle mal hinauskatapultiert hast. Zwar wirst du noch einmal einen halbherzigen Versuch unternehmen, zurückzugehen in dieses ferne Land der denkenden und arbeitenden Menschen. Aber nach spätestens zwei Wochen wird dein Chef dich zur Seite nehmen, dich mit seinen klugen, blauen Augen anschauen und dir sagen: «Sorry, meine Liebe. Aber ich fürchte, so geht es nicht. Seit Sie wieder bei uns sind, haben Sie noch keinen einzigen ernstzunehmenden Beitrag für das Ressort geleistet. Es ist alles ein bißchen viel, nicht wahr? Sie sollten sich nicht überfordern. Warum steigen Sie nicht einfach aus und versuchen es in ein paar Jahren noch einmal, wenn das Kind ein wenig größer ist?»

So würde meine Rückkehr in den Job aussehen, ich sah es vor mir. Und das war tatsächlich eine Panikphantasie. Einerseits sich als eine schlechte Mutter fühlen, die nicht voll Dankbarkeit und Stolz für ihr Kind sorgt, und andererseits nicht mehr imstande zu sein, den Job auszufüllen, der ihr früher solch einen Spaß gemacht hatte. Die falsche Entscheidung, die ich getroffen hatte, brachte mein ganzes Selbstwertgefühl in Unordnung.

Wahrscheinlich hätte ich den Mut aufbringen sollen, professionelle Hilfe zu suchen und mich in Behandlung zu begeben. Aber ich hatte Angst davor, auch noch einzugestehen, daß ich an einem Defekt litt, der meine Rückkehr in den Beruf gefährden konnte. Noch hatte ich soviel Willenskraft, an meinem Zeitplan festzuhalten ...

Noch heute denke ich an diese inzwischen weit zurückliegende Zeit mit großer Unruhe zurück. Ich weiß nicht, was es war, das mir schließlich ein Quentchen Kraft zurückgebracht hat. Vielleicht der Lauf der Dinge, der Säuglinge zu sozialen Wesen macht, die lächeln, quietschen und einfach eine unschlagbar gute Laune haben. Jedenfalls schaffte ich es schließlich, eine Art Waffenstillstand mit dem Kind zu schließen: Diese fünf Monate bin ich voll und ganz für dich da, und dann wirst du sehen, wie du mit einer Mutter klarkommst, die eine ziemliche Pleite ist.

Gerade Frauen, die ihre Lebensplanung nicht ausschließlich auf Kind und Familie abgestellt haben, werden sich in dieser Erinnerung wiederfinden. Und so machen sie sich auf die Suche nach einer Tagesmutter, nach einer Krippe oder nach einem Au-pair – entschlossen, wieder dort anzuknüpfen, wo sie das letzte Mal Anerkennung, Bestätigung und – ein Gehalt bekommen haben.

Und sie fühlen sich wie Magellan am Vorabend seiner großen, ungewissen Expedition, die ihn ans Ende der Welt führen sollte ...

Ergänzen sollte ich vielleicht noch, daß ich bei meinem zweiten Kind aus der gruseligen Erfahrung meiner ersten Wöchnerinnenzeit gelernt habe. Das begann bereits vor der Geburt. Diesmal hatte ich eine realistische Vorstellung davon, daß nach dem Tag X jeder Zeitplan Makulatur werden würde. Daher fertigte ich mir eine Liste jener Vorhaben an, die unbedingt noch vor der Geburt auf die Reihe zu bringen waren. Das reichte von «A. besuchen» bis zu «Zwirn besorgen». Ich beschwor mein Kind, nicht zu erscheinen, bevor ich diese anspruchsvolle Liste halbwegs abgehakt hatte.

Und meine Tochter zeigte Einsehen. Bis auf einen waren die 50 Punkte dieser Liste erledigt, als sie mit fünf Tagen Verspätung auf die Welt kam. Nun konnte ich mein Knöpfchen richtig genießen ...

Ich konzentrierte mich auf das Baby und hatte keinerlei Probleme, für alle anderen Aufgaben Entlastung zu schaffen: Knopf brachte ich tagsüber zur Tagesmutter, obwohl ich zu Hause war, und dreimal in der Woche ließ ich die Putzfrau kommen. Für diesen Luxus hatte ich Monate zuvor gespart.

Außerdem machte ich es mir zur Regel, mich nach dem Stillen eine halbe Stunde lang hinzulegen. Auch wenn Knöpfchen damit nicht immer einverstanden war – es glückte häufiger, als ich zunächst erwartet hatte.

Diese kleinen Pausen war Balsam für mein Nervenkostüm. Außerdem hatte ich mich damit abgefunden, daß Babys mitunter unruhig sind, knöttern und maulen, und wenn es sich nicht zu einem herzzerreißenden Geschrei auswuchs, das mich um den Frieden im Nachbarhaus fürchten ließ, dann war ich imstande, sie auch einmal zehn Minuten unzufrieden zu lassen.

Nur ein Punkt brachte meine Nerven zum Flattern. Knöpfchen haßte das Autofahren. Immer wieder das gleiche: Sie war satt, sauber und zufrieden, doch kaum lag sie im Kindersitz und das Auto rollte los, begann sie erbärmlich zu schreien. Sie vertrug es einfach nicht, wahrscheinlich war ihr kreuzübel. Ab und an, vor allem, wenn Knopf abzuholen war, brachte mich das tatsächlich in Verlegenheit. Ich versuchte diese Fahrten so einzurichten, daß Knöpfchen daheim gerade schlief. Aber wie lange? Ich war niemals länger als zwanzig Minuten fort, doch das reichte, um im inneren Muttertrichter-Ohr aufzunehmen, wie sie, schweißnaß und außer sich, jetzt wohl zu Hause im Stubenwagen lag und sich von aller Welt verlassen fühlte. Ich flog nur so um die Kurven, raste zum Haus, schloß die Tür auf – alles friedlich.

Mein Programm hieß diesmal: sechs Monate für das Baby, und dann möglichst heiter und ausgeglichen zurück in den Job.

Drei, vier, fünf, sechs, sieben,
wo ist denn mein Kind geblieben?

Die erste Trennung

Wie bereits beschrieben: Ich wußte genau, wohin die Reise gehen sollte. Mein Wunsch stand bereits in der Schwangerschaft fest – zurück in den Job, sobald mein erstes Kind seinen Tageslauf halbwegs berechenbar eingerichtet hatte.

Und so machte ich mich auf die Suche nach einer Tagesmutter. Eine der größten Herausforderungen auf dem Weg zurück in die Welt der «arbeitenden» Menschen. Etwas in uns flüstert, niemand sei imstande, so gut für unseren kleinen Engel zu sorgen wie wir selbst … Gute, zuverlässige, verantwortungsbewußte Tagesmütter sind nach wie vor Mangelware. Krippen gibt es ebenfalls zu wenige, und Omas, die sich nichts Schöneres denken können, als ihr Enkelkind zu versorgen und auf die eigene Freiheit zu verzichten, wohnen in der Regel in einer anderen Stadt.

Inserate, Mundpropaganda, Recherche im Freundes- und Bekanntenkreis: Jedes Elternpaar, das schon einmal eine Suche nach angemessener Betreuung gestartet hat, kennt dieses Vabanquespiel und hat gelernt, es zu fürchten. Etliche schwören auf die Au-pair-Lösung, schon aus Kostengründen. Für uns kam sie nicht in Frage. Aus Platzmangel und weil ich der Ansicht bin, daß Mädchen im Alter von etwa achtzehn Jahren die Verantwortung für ein Baby schlicht überfordert. Ich hätte keine ruhige Minute am Schreibtisch sitzen können.

Als wir nach zahllosen Gesprächen und Testbesuchen endlich Frau H. gefunden hatten, sagte diese kluge Mutter von drei Kindern: «Es ist ganz wichtig, daß Ihr Kind sich bei mir wohl fühlt. Aber noch wichtiger ist, daß Sie den Eindruck haben, Ihr Kind ist bei mir gut aufgehoben. Wenn Sie unruhig sind, wenn Sie mit mir innerlich nicht einverstanden sind, dann wird sich das automatisch auf Ihr Kind übertragen. Und dann fangen die Probleme an.»

Nun, ich war mit ihr einverstanden. Und so startete ich optimistisch drei Wochen vor dem Tag X ein ausgeklügeltes Lernprogramm: weniger Muttermilch, statt dessen nachmittags eine Löffelmahlzeit, Karotten, Gemüse oder Banane. Außerdem zog das Baby um in ein Gitterbett, um ihn schon mal an das veränderte Schlafgefühl zu gewöhnen.

Um Himmels willen, dachte ich, als ich zum ersten Mal mit Kind, Reisebett, Wechselkleidung, Spielzeug und drei Fläschchen vor der Haustür von Frau H. stand. Du hast solch ein Herzklopfen, als ginge es um ein Examen.

Ich weiß nicht, wie ich diesen ersten Achtstundentag ohne meinen Knopf herumbekommen habe. Jedenfalls erinnere ich mich, daß ich mir wie amputiert erschien. Mein Arm war leer, und instinktiv hielt ich zwischen den Papieren auf meinem Schreibtisch immer wieder Ausschau nach der Spuckwindel.

Welch eine Erleichterung, als ich ihn endlich abholen konnte: Knopf hat sich ohne Murren wickeln, hinlegen und füttern lassen und zum Erstaunen von Frau H. die große Flasche auf einen Zug geleert.

Soviel reibungslose Umstellung? Das hätte mich mißtrauisch machen sollen. Und tatsächlich holte uns das Unheil vier Wochen später ein. Knopf wurde krank, zum ersten Mal in seinem Leben richtig krank. Als einziges der fünf von Frau H. betreuten Kinder steckte er sich dort mit Keuchhusten an. Als der Kinderarzt die Diagnose stellte, war mir, als hätte er mich zu lebenslanger Haft verurteilt.

War damit mein schöner Plan, der sich so gut angelassen hatte, schon gescheitert? Wie aus weiter Ferne hörte ich den Arzt etwas von Antibiotika und Antikörpern erklären und dann noch sagen: «Sechs Wochen wird es wohl dauern.» So lange sollte das Kind nicht in Kontakt mit anderen kommen.

Ade, Tagesmutter!

Und was sollte ich in der Redaktion berichten? Sorry, ich muß nun erst einmal mein Kind gesund pflegen? Das hätte zweifellos alle Vorurteile der Kollegen gleich aufs schönste bestätigt. Da sieht man es eben, verlassen kann man sich auf diese Frauen nicht, wenn sie Mütter werden. Kaum hustet das Baby, fallen sie wochenlang aus. Wer weiß, ob sie überhaupt noch wiederkommt. Besser, man sieht sich schon mal nach Ersatz um.

Die Rädchen in meinem Kopf ratterten. Traurig zog ich mit dem hustenden Bübchen heim. Er tat mir leid, wie er sich so abarbeitete. Anstrengend, so eine schwere Krankheit für einen so kleinen Menschen. Wie konnte ich da noch überlegen? Hier war meine Aufgabe. Was das für meinen Job bedeutete, mußte erst einmal in den Hintergrund treten.

Ich habe schlecht geschlafen in dieser Nacht. Am

nächsten Tag faßte ich einen Entschluß, der mich heute noch erstaunt: Jetzt ist der Vater dran. Fünf Monate hatte ich mich voll in die Mutter-Aufgabe gestürzt. Jetzt, da ich gerade versuche, wieder draußen in der Welt Fuß zu fassen, muß der Vater zeigen, was in ihm steckt.

Und tatsächlich, es ließ sich einrichten. Größtes Lob für einen kooperativen Vater. Er war es, der ins kleine Zimmer zum Baby zog, ihm nachts bei den röhrenden Hustenattacken half, ihn klopfte, damit der Schleim sich löste, und immer wieder mal das Bettchen frisch bezog, wenn das Kind gespuckt hatte. Täglich, meist am späten Nachmittag, hat er sich den Sohn vorgeschnallt und ihn spazierengetragen, wochenlang. Ende des Monats rückte der Winter ein, mit klarem Frost und viel Schnee. Das war genau das richtige, meinte der Kinderarzt, der den Patienten alle paar Tage abhorchte und seine robuste Konstitution lobte.

Und die Mutter? Die übte sich derweil wieder in zielgerichteter Arbeit, in Projekten und Planungen, im Redigieren und Schreiben. Einmal nur erwähnte sie kurz, das Baby sei ziemlich krank, aber bereits wieder auf dem Weg der Besserung. Sie spürte, daß Kollegen sich für diese Details aus dem Kinderzimmer nicht wirklich interessieren, und sie richtete sich danach. Übrigens konnte der Zwangsurlaub von der Tagesmutter dann doch schon nach vier Wochen beendet werden.

Später, viel später dann haben wir die zweite Trennung bewältigt. Den Kindergarten. Ein schwerer Anfang. So viele starke Jungs, die sich nach bester Macho-Manier dicke tun und am besten täglich neu die Hackordnung festlegen. Dazu die Erzieherinnen, die sich große Mühe geben, aber eben doch erst einmal Fremde sind. Die ungewohnten Räume. Wo ist das Klo? Was ist das für ein Essen? Warum sind hier so viele? Wie geht das Spiel, was die da gerade anfangen? Nein, das alles ist erst einmal nicht dazu angetan, einen Dreijährigen heiter zu stimmen. Morgens beim Abschied fließen die Tränen, wie bei allen anderen Anfängern auch. Ängstlich betrachte ich die routinierten Kindergarten-Sprößlinge, die sich so cool von Mama verabschieden: Haben die zu Beginn ihrer Zeit auch so trauern müssen?

Die Erzieherinnen trösten Mutter und Kind: «Nach zwei Wochen ist der Schmerz vergessen.» Zwei Wochen – ist das nicht eine verdammt lange Zeit? Zehn Abschiede. Zehn Tränensymphonien. Zehn Fragen, ob wir alles richtig gemacht haben.

Unter dem heftigen Eindruck der Tränen entscheiden sich viele Mütter dafür, erst mal ein bißchen dabeizubleiben. Wirklich hilfreich, soviel steht fest, ist das meistens nicht, denn die Trennung wird dadurch ja höchstens aufgeschoben. Statt dessen haben Knopf und ich ein festes Abschiedsritual entwickelt, das unbedingt einzuhalten war. Erst auf dem Bänkchen in der Garderobe ist er noch einmal auf den Schoß gekrabbelt und hat heimlich den Daumen in den Mund gesteckt, dann gingen wir gemeinsam zur Tür, Kuß und Umarmung, und kaum bin ich draußen, flitzt er zurück in den Gruppenraum, ans Fenster, um mir nachzuwinken, während ich zum Parkplatz gehe. Und wehe, ich winke nicht ebenso lange zurück wie er ...

Natürlich hat sich dieses Ritual im Laufe der Zeit abgeschliffen. Als erstes fand er es plötzlich peinlich für einen Vierjährigen, auf dem Schoß zu sitzen. Nachdem er schließlich die Aufnahme in den Club der starken Bestimmer geschafft hatte, konnte er leider seine Mutter nicht länger an die Tür des Kindergartens begleiten. Immerhin blieb er dem Winken am Fenster treu, drei lange Kindergarten-Jahre lang.

Die Trennung bleibt ein großes Thema, das arbeitende Mütter nicht losläßt. Wir vermissen die Kiddies, sie vermissen uns, und beide fragen sich, muß das sein? Es gibt etliche Antworten auf diese Frage; die meisten Frauen sind schlicht aus finanziellen Gründen gezwungen, berufstätig zu sein – ein Argument, das sehr viel stärker ins Gewicht fällt als Ehrgeiz oder Karrierelust. Für unzählige Frauen spielt aber auch die Erkenntnis eine Rolle, daß sie sich zu Hause unausgefüllt und unterfordert fühlen. Sie üben sich im Spagat zwischen Job und Familie, weil sie wissen, daß sie als Fulltime-Mama ihren Kindern den reinen Horror bieten würden.

Daß so viele Frauen sich mit der Frage «Wieviel Job, wieviel Kind» herumplagen, ist natürlich auch unseren unflexiblen Arbeitgebern zu verdanken, die noch viel zu starre Zeitmodelle anbieten. Es muß schließlich einen Grund dafür geben, daß in anderen europäischen Ländern viel mehr Teilzeitjobs zu haben sind, die den Bedürfnissen junger Familien entgegenkommen.

Wir Rabenmütter

❧

Der böse Blick von außen:
Was bildet die sich eigentlich ein?

Berufstätige Mütter sind schrecklich. Sieht man doch
auf den ersten Blick, daß Kinder ihnen lästig sind. Morgens wird mit quietschenden Bremsen vor dem Haus
der Tagesmutter gehalten, Decke, Kuscheltier, Fläschchen und das Kind gerafft, und wenn das Würmchen
noch so verzweifelt strampelt. Geklingelt, kurz hallo
gesagt, der Frau das Kind in den Arm gedrückt – und
tschüs! Kann ihr gar nicht schnell genug gehen, das
Balg loszusein.

Berufstätige Mütter sind schrecklich. Gucken Sie
sich bloß mal an, wie die morgens ihren Nachwuchs im
Kindergarten abgeben. Mit hektischen Schritten, die
Pumps können nicht hoch genug sein, hetzen sie die
Kleinen vor sich her, reißen ihnen die Jacken herunter,
knallen die Brotdose aufs Bänkchen, knappe Umarmung und in den Gruppenraum hineingeschubst, das
arme Ding. Und schon sind sie weg, da kann Mäxchen
greinen, soviel er will, Mama hat Besseres zu tun. Mama
muß ins Büro.

Berufstätige Mütter sind schrecklich! Ich kenne die.
Was auch immer es in der Schule zu organisieren gibt –
Ausflüge, Schulfeste, Pausenmilch-Verkauf oder Weih-

nachtsbasar –, keine von denen läßt sich blicken. Aber am Elternabend, da führen sie das große Wort und beschweren sich über das soziale Klima in der Klasse, bloß weil jemand ihre Babette mit dem Bleistift gepikst hat. Ämter oder Zuständigkeiten? Gott bewahre. Statt dessen diese Anrufe am Abend: «Könnte Sven wohl morgen bei Ihnen zu Mittag essen? Er muß dann gleich weiter zum Fußball, und ich schaffe es einfach nicht, ihn selbst von der Schule abzuholen! Ja? O super. Viiiieeelen Dank. Ja, dann bis ein anderes Mal ...»

Berufstätige Mütter sind schrecklich. Meinen, sie seien etwas Besseres; bloß weil sie irgendeinen megawichtigen Job ausüben, der ihnen dieses unersetzliche Gefühl erheblicher Bedeutung verleiht. Das tragen sie vor sich her mit diesem Triumph im Blick. Als ob andere Frauen allesamt nur mit einem IQ von 60 ausgestattet seien.

«Also, den ganzen Tag zu Hause zu sitzen – nein, da wäre ich einfach unterfordert», versichern sie einem. Daß sie selbst offenbar überfordert sind, wenn sie versuchen, alles unter einen Hut zu bekommen, das sagen sie nicht. Statt dessen verlassen sie sich voll auf andere Frauen, die doof genug sind, daheim zu bleiben, damit man ihre Dienste in Anspruch nehmen kann. Denn die hocken ja sowieso bloß zusammen, trinken Kaffee und verfolgen ihre Kinder mit ihrer Herrschsucht und Überkontrolle, behaupten die Job-Mamas jedenfalls.

Berufstätige Mütter sind ja so was von furchtbar. Warum setzen sie überhaupt Kinder in die Welt? Daß das zwanzig Jahre Verantwortung bedeutet, ist ihnen neu. Hoffen wahrscheinlich, daß sich schon andere finden werden, die ihren Kindern die Windeln wechseln und die Zwiebackkrümel aus der Hose holen werden … Sind die alle so wohlhabend, daß sie meinen, Mutterliebe sei eine Dienstleistung, die man eben locker an jeder Ecke buchen kann? Sind sie derartig scharf auf einen Typen, daß sie ihm zur Not auch noch ein, zwei Kinder gebären, damit er ihnen sicher ist. (Ha! Umgukken werden die sich noch – als ob sich jemals ein Mann zum Bleiben entschlossen hätte, bloß weil ihn die großen Augen seiner Kinder davon abhalten, sich eine jüngere mit schönen Augen zu nehmen …)

Berufstätige Mütter sind furchtbar. Ein Schrecken in jeder Firma, weil sie ständig Sonderrechte für sich in Anspruch nehmen (aber wehe, andere nehmen so was mal in Anspruch). Kommen und gehen, wie es gerade die Öffnungszeiten des Kindergartens erfordern. Telefonieren fünfmal am Tag, wenn das Kleine ein verstopftes Näschen hat. Jammern dem Chef etwas vor, warum sie auf keinen Fall an dieser Konferenz teilnehmen, auf diese Dienstreise geschickt werden können, weil sonst eine kleine Kinderseele zerbricht – und das, so schieben sie mit zitternder Stimme nach, das kann doch nicht Ihre Absicht sein?!

Ja, es ist nicht zu bestreiten: Berufstätige Mütter sind ganz schrecklich. Ich weiß das nur zu gut. Denn ich bin eine. Eine von diesen Frauen, die rücksichtslos ihren Lebensentwurf in die Tat umgesetzt haben. Die glauben, die Sehnsucht nach einer Familie und die Lust auf einen spannenden Job müßten sich doch auch nebeneinander unterbringen lassen, wenn man nur zäh und gesund genug ist.

45

Warum ich diese schrecklichen Vorurteile hier noch einmal aufgeführt habe? Der Grund ist natürlich nicht, daß diese Einschätzungen meine Meinung widerspiegeln. Der Grund dafür ist, daß wir *working mummys* uns darüber klar sein müssen, wie schlecht unser Image ist. Wir müssen wissen, daß dieses schlechte Bild von uns in vielen Köpfen nistet und, mal deutlich und mal unterschwellig, unseren Umgang mit anderen Menschen bestimmt.

Wie wir damit umgehen? Gute Frage. Jedenfalls nicht, indem wir die Leidensmiene aufsetzen und Mitgefühl einfordern. Wenn wir uns bemühen, diese Vorurteile zu entkräften, haben wir allerdings gut zu tun; und einige werden sich trotzdem nicht von ihnen abbringen lassen, schon allein weil die Schwiegertochter der Nachbarin, diese kühle Blonde aus dem Friseursalon, zwei Kinder, geschieden, weil die ja auch nicht richtig für ihre Kleinen sorgt und der Junge schon so einen geschädigten Blick hat. Mit anderen Worten: Je besser wir es zu machen versuchen, desto sorgfältiger wird nach anderen abschreckenden Beispielen gesucht.

Es hilft auch nicht, dieses negative Image zu ignorieren. Immer wieder wird es uns die Fratze zeigen. «Das kann man ja nicht wissen», sagt die Schulsekretärin spitz, «daß Sie auch eine von diesen Frauen sind, die die Schule als Verwahrort betrachten.» Soll man nun eine Grundsatzdebatte lostreten und sie darüber belehren, daß unsere Kinder keineswegs verhaltensauffällig sind? Daß so etwas wie die Ganztagsschule in anderen europäischen Ländern ein seit Jahrzehnten bewährtes Modell ist? Daß die Quote der Neurosen in der Gesamtbevölkerung dort keineswegs über der in unserem Land liegt?

Das beste ist: Weglachen. Klar, sagen wir: Weiß ich doch, daß wir es längst nicht so gut machen wie andere Mütter, die sich rund um die Uhr für ihre Kleinen zwei Beine ausreißen. Aber ich reiße mir drei aus – eins für meine Kinder, eins für meinen Mann und eins für den Job. Und selbst wenn uns nicht zum Lachen zumute ist, hilft es schon zu sagen: Ok, ich weiß, du hältst mich für eine Rabenmutter. Ab und an bin ich eine. Aber ab und an sind alle Mütter Rabenmütter. Aus Selbsterhaltung.

Womit wir schon bei der Frage wären: Was ist das eigentlich, eine gute Mutter? Woran erkennt man sie? Was ist es, was sie so besonders gut macht? Was tut sie nie? Wie schafft sie diese Ausgeglichenheit, die Geduld aufzubringen, die Kinder brauchen? Kann man das lernen?

Die Entwicklungspsychologen und auch die Pädagogen haben an diesen Fragen seit Jahrzehnten herumgebastelt. Und einige der Antworten, die sie gefunden haben und die im nächsten Kapitel dargestellt werden, sind ein erstklassiges Beruhigungsmittel für unser aufgeschrecktes Gewissen.

Mutterliebe!
Darf es etwas mehr sein?

Nachdenken über ein tiefes Gefühl
und einen hohen Anspruch

Jobbende Mütter müssen gute Schauspielerinnen sein. Kaum haben sie sich daheim aus dem Blazer geschält und die engen Schuhe von den Füßen geschleudert, stekken sie mitten im Rollenwechsel: von der kompetenten, effizienten, präzisen Kollegin in eine tröstende, geduldige, nachsichtige Mama, die nichts Spannenderes kennt als das Fußballspiel am Nachmittag und warum Olli diesen Ball nicht halten konnte, wieso sich Jakob auf dem Klassenausflug mal wieder oberbescheuert angestellt hat und ob nun morgen eine Mathearbeit geschrieben wird oder nicht. Dieser allabendliche Rollentausch erfordert eine gewisse Routine darin, zwei Menschen zugleich zu sein.

Mit einer Seite dieser Doppelrolle wollten wir früher absolut nichts zu tun haben: Mütter, das waren in unserem Weltbild häufig Dominas in Kittelschürzen, die mit unterdrückter Wut das Brot abschnitten. Immer das gleiche Graubrot, jahrein, jahraus. Frauen, die sich nicht wehren konnten, die unzufrieden waren und diese Unzufriedenheit an ihrer Familie ausließen. Frauen mit einem ungeklärten Machtanspruch, den sie daheim in den vier Wänden rücksichtslos durchsetzten.

Mütter – nein, das war für uns definitiv kein Lebensziel. Wir hatten schließlich beizeiten die amerikanischen Feministinnen und all die anderen Aufklärerinnen gelesen – und wir hatten verstanden, daß eine Frau, die ihr Leben selbstbestimmt führen will, auf keinen Fall in diese Falle Mutterschaft tappen durfte.

Zehn Jahre später gab es kaum eine unter uns, der das gelungen war. Und wir schämten uns nicht einmal. Wie konnte das passieren?

Ich weiß, daß die Frauenbewegung über dieser Frage nahezu den Verstand verloren hat. Im Gegensatz zu den Fundamentalistinnen behaupte ich freilich: Daß wir Mütter wurden, war kein Akt der willenlosen Anpassung oder der Resignation, sondern vielmehr einer von wunderbarem Selbstbewußtsein. Klug, zielstrebig und gut organisiert, wie wir sind, haben wir uns ganz einfach zugetraut, auch diese Aufgabe locker zu bewältigen. Betonung auf locker …

Und mochten wir auch auf der theoretischen Ebene die bestvorbereiteten Schwangeren und Gebärerinnen sein – was den Alltag einer Mutter angeht, waren wir es ganz sicher nicht. Keinen blassen Schimmer hatten wir davon, was diese ununterbrochene Tag- und Nachtschicht bedeutet – für uns selbst, für unsere Energiebilanz, für unsere emotionale Stabilität, für unser Lebensgefühl. Mit anderen Worten: Es hat uns umgehauen. Jahre später erst waren wir imstande, unsere Gedanken zu sammeln, uns zu schütteln und genau zu überlegen, was uns da eigentlich passiert war.

Inzwischen merken wir hier und da: Mütter sind zum Lachen, ob sie nun schlurig oder vortrefflich sind. Die schönste Kostprobe dafür haben uns die Missfits geschenkt. Ein begnadetes Frauendoppel, das mit kleinen bösen Kabarett-Szenen die Sache auf den Punkt bringt.

Die folgende Szene stammt aus ihrem Programm «Frauen und Kinder zuerst». Einen winzigen Moment lang entfiel mir als Zuschauerin sogar die Tatsache, daß ich selbst eine Mutter bin. Und mitunter vielleicht gar so eine wie diese «Maxmutter» ...

An Deck des Vergnügungsdampfers MS Helene. Eine Frau betritt die Bühne, läßt ihren Blick einmal schweifen, hat dann entdeckt, was sie sucht (ihren Sohn):
Hagen! Sitz! Platz!
Sie plaziert einen Liegestuhl ins Sonnenlicht und setzt sich hin. Eine zweite Frau betritt aufgeregt die Bühne:
Max? Maaax! Hach, da bist du ja. Ja, dann hat das ja geklappt. Ich bin ja sooo stolz auf dich. Jetzt machen wir es wie vereinbart: Ich setze mich hierher und lese. Und du spielst schön. Und in einer Stunde machen wir etwas Schönes gemeinsam, ja? Schau, Gundula sitzt hier. Ach nein ... doch mehr in der Sonne. Max, schau, nicht wie vereinbart dort, sondern guck, ja guck, ja guck guck guck. Gundula sitzt jetzt hier ...
In diesem Augenblick entdeckt sie die andere Frau.
Hagenmutter: Tach!
Maxmutter: Ich erziehe ihn gerade zur Selbständigkeit.
Hagenmutter mustert sie schweigend von oben bis unten.
Maxmutter: Nein, Max, nein! Nicht so nah an das Gitter. Das geht tief runter. Ja, das ist ein Rettungs-

ring. Wie in deinem Buch. Der kann Leben retten. Jetzt spiel schön.

Beginnt in einer Zeitschrift (ELTERN) zu blättern, aber ohne hinzusehen, ihr Blick bleibt kontrollierend auf ihren Sohn gerichtet ...*

Wie um uns zu quälen, bleibt unser Blick an diesen Maxmüttern hängen. Und wir treffen sie überall: Im Wartezimmer des Kinderarztes, auf dem Spielplatz, im Kindergarten, beim Schulfest. Neulich traf ich gar eine auf der Eisbahn. Ihre Kinder, etwa sieben und neun Jahre alt, drehten zufrieden ihre Runden, etwas wacklig auf den Beinen, aber durchaus imstande, zehn Minuten ohne einen erwachsenen Kommentar zu überleben.

Mama stand am Rand. Auch sie hatte Schlittschuhe untergeschnallt, aber wie es schien, mehr aus Versehen. Sie lief nicht. Sie guckte nur. Verhaltensforscher würden sagen: Sie kontrollierte ihr Revier. Eine Eisbahn ist schließlich ein Ort voller Gefahren. Voller Feinde. Allein die Kälte.

Neben ihr stand ein Korb, und dieser Korb machte mich sofort neugierig. Er war bis zum Rand gefüllt mit mütterlicher Fürsorge für alle Schicksalsschläge, die Kinder an diesem Ort ereilen können. Heißer Kakao in Thermosflaschen, saftige Käsebrote, Prinzenrolle, Smarties, getrocknete Aprikosen; und für beide Kinder Wechselkleidung sowie Ersatz für alles, was nur naß werden könnte. Sie schien eigentlich nur darauf zu warten, daß ihre Kinder ein Bedürfnis verspürten, was sie

---

* Missfits: Kennse einen, kennse alle. Bergisch-Gladbach 1996

dann auf der Stelle befriedigen könnte: «Siehst du! Hat Mama doch dran gedacht.»

Selbst wenn sie es zuwege brachte, diesen Triumph nicht laut zu benennen, war doch zu spüren, wie sie sich innerlich daran wärmte, daß ihre vorausschauende Planung von der Wirklichkeit bestätigt wurde.

Bei allem Widerwillen gegen diese Art von Fürsorge löste der Blick auf diese Eislaufmami doch auch etwas wie Schuldgefühl in mir aus. Ich hatte keinen Korb dabei. Keinen Kakao, kein Käsebrot, schon gar kein Wechselzeug. Wir hatten einfach beschlossen, daß Eislaufen an diesem Nachmittag eine gute Idee sei, und so waren wir losgezogen. Nur mit den Schlittschuhen, dazu je ein paar dicke Strümpfe, an mehr hatte ich nicht gedacht, ich gestehe es.

Auf geheime Weise, soviel steht fest, nehmen uns diese Maxmütter geradezu gefangen. Stunden nachdem sie mir begegnet sind, stellen sie mir Fragen. Ich höre ihre Stimme, in mir drinnen. Sie fragen zum Beispiel: «Findest du nicht, daß deine Kinder es gut vertragen könnten, wenn du auch nur ein einziges Mal einen Korb auf die Eisbahn mitgenommen hättest? Ist es nicht herrlich, aus Mamas Korb einen heißen Kakao zu schlürfen, nachdem man dreimal hintereinander auf den Po gefallen ist und der Steiß schmerzt? Tut in diesem Moment nicht auch ein Käsebrot gut? Könnte es nicht auch eine Wohltat sein, die nassen Strümpfe gegen trockene auszutauschen?»

Ja, antworte ich kleinlaut. Ja, das kann ich mir gut vorstellen. Aber sie läßt noch nicht locker, die Maxmutter-Stimme. Am Ende nämlich stellt sie die gemeinste von allen Fragen: «Glaubst du nicht, daß ihre Kinder sich später viel lieber an das Eislaufen erinnern als dein Knopf, dein Knöpfchen? Haben sie nicht etwas Besseres zurückbehalten? Könnte es sein, daß sie dank dieser Fürsorge später im Leben viel besser klarkommen? Daß sie eine abgerundete, harmonische Persönlichkeit entwickeln können, weil sie diese vollkommene Zuverlässigkeit ihrer Mutter kennen, die sie in ihren frühen Jahren mit soviel Liebe vollgepumpt hat, daß ihnen nichts mehr passieren kann?»

Und damit bohrt sich die Maxmutter-Stimme mitten in unser wundes Mutterherz. Das Herz einer Frau, die auch nur das Beste will für ihre Kinder und ihnen dennoch meist nur Kompromisse bieten kann.

Weil wir berufstätigen Mütter eben nicht den ganzen Tag der Aufgabe widmen, unsere Kinder glücklich zu machen.

Die berühmte, aufopfernde, stets die eigenen Interessen zurückstellende Mutterliebe – was für ein Gefühl ist das eigentlich?

Solange ich noch keine eigenen Kinder hatte, hegte ich ziemliches Mißtrauen gegen diese Art von Liebe. Steckte dahinter nicht immer auch ein gar nicht so aufopferungswilliges Dominanzstreben? War nicht auch Lust dabei, andere Menschen in Abhängigkeit und Unmündigkeit zu halten? Starke Mütter sind auch Königinnen. Und sie können sehr, sehr unangenehm werden, wenn ihre Macht in Frage gestellt wird.

Immer noch tragen wir dieses Idealbild einer Frau in uns, der wir gern ähnlich wären. Eine geduldige, liebevolle Frau, die auch der größte Trubel nicht aus der

Ruhe bringt. Nervosität? Kennt sie nicht. Sie verfolgt zum Teil rational begründete, zum anderen Teil instinktiv untermauerte Erziehungsmaximen. Stets spüren die Kinder, daß sie aufgehoben sind bei ihr, was auch immer geschehen mag.

Wie hatte ich doch in meinem Tagebuch, im ersten Wöchnerinnen-Schock, notiert? «Das hat mir gerade noch gefehlt, so eine dämpfige Mutterstute zu werden.»

Was ich darunter verstehe? Eben so eine, die in ihren Kindern aufgeht – und denen dabei vermutlich ziemlich auf die Nerven fällt. Eine, die nicht loslassen kann, die ihre Kinder mit Liebe und Fürsorge erstickt. Die Lust gefunden hat an der Macht, die ihr über die Kleinen gegeben ist. Aber das darf sie natürlich nicht zeigen. Die erdrückende Fülle ihrer Liebe ist nach außen hin vollkommen selbstlos, aufopfernd. Sie genießt es, wie hilflos und abhängig die Brut an ihr klammert. Das macht sie immerhin unentbehrlich. Und diese Unentbehrlichkeit schenkt ihr das Gefühl einer Überlegenheit. Sie ist wichtig. Unglaublich wichtig. Es gibt nur eines, das diese Unentbehrlichkeit bedroht: der Faktor Zeit.

Je größer Kinder werden, desto zäher ringen sie um ihre Unabhängigkeit. Und auch wenn sie sich ab und an dabei gewaltig verschätzen, muß Mama doch erkennen, was unweigerlich kommt: Irgendwann können sie auf mich verzichten, und dann ist sie hin, die Illusion der Unentbehrlichkeit. Das ist kein schöner Gedanke. Deshalb versucht sie, ihn zunächst einmal zur Seite zu schieben und sich einzureden, daß Kinder zwar schnell wachsen, aber eigentlich die hilflosen Würmchen bleiben, als die sie auf die Welt gekommen sind.

Die französische Psychologin Elisabeth Badinter hat in ihrem umstrittenen Bestseller «Die Mutterliebe» anhand von vielen Quellen nachgewiesen, daß die Mutterliebe eine Erfindung des bürgerlichen 19. Jahrhunderts war. Vorher galt es insbesondere in den Kreisen der wohlhabenden Adelsschicht als selbstverständlich, die Neugeborenen Ammen auf dem Land zu überlassen, die mehr oder weniger hingebungsvoll die kleinen Herrschaftsbalgen versorgten. Zurück in die Stadt geholt wurden sie erst mit acht oder neun Jahren, wenn die Gefahr halbwegs gebannt schien, an Schwäche oder Infektionskrankheiten zu sterben.

Auch dann erlebten diese Kinder ihre Eltern nicht als fürsorglich oder liebevoll. Kinder waren in der Meinung jener Zeit das Wilde, das Unzivilisierte, das erst durch eine unnachgiebige, sorgfältige Erziehung zu einem Teil der menschlichen Gesellschaft wurde. Gefühle wie Mutterliebe oder gar eine Vorstellung von körperlicher Zuwendung waren weitgehend unbekannt. Erst das 19. Jahrhundert brachte den Wandel mit dem Idealbild der bürgerlichen Familie, in der die Aufgaben von Erziehung und materieller Versorgung strikt getrennt wahrgenommen werden.

Es ist interessant, daß sich gerade in Deutschland die Übereinstimmung darüber, was eine mustergültige Mutter zu tun oder zu lassen hat, besonders ausgeprägt hat. Naheliegend ist die Erklärung, daß noch mitten im 20. Jahrhundert durch die nationalsozialistische Propaganda ein im Grunde schon überholtes Frauenbild erneut als verbindlich dargestellt wurde: das der Gebärerin, die im Dienst der Nation dem Führer ein Kind nach dem anderen schenkte. «Die deutsche Mutter», Heldin der Nation, spielte in der nationalsozialistischen Bevölkerungspolitik eine wirklich tragende Rolle. Ihr Schlachtfeld war der Kreißsaal; «ein Kind an der Hand, eins auf dem Arm, eins im Kinderwagen und eins unter dem Herzen» – so wünschte es der Führer. Und sie folgten ihm, die Frauen. Am Muttertag ließen sich etliche mit dem «Mutterkreuz» ehren, streng nach olympischer Regel; bronze für vier, silber für sechs und gold für noch mehr Kinder.

Ein Mutterbild, das nachwirkt. Daß der weibliche Lebensentwurf darin gipfelt, Kinder großzuziehen, das war für unsere Mütter ein Dogma, dem sie sich mehr oder weniger ergeben beugten. So sind wir aufgewachsen: Kinder zu bekommen, daran führt kein Weg vorbei.

Führt er aber doch. Wir jedenfalls haben uns in der Regel bewußt dafür entschieden, Mutter zu werden, auch wenn uns ganz schön die Knie gezittert haben, als die Sache plötzlich ernst wurde. «Als hätte ich eine Bombe gezündet und fürchtete mich nun vor dem Knall», so hat es eine Kollegin beschrieben.

Was das in letzter Konsequenz bedeutet, Mutter zu sein, davon haben wir wohl erst eine schwache Ahnung bekommen, als dieses heiß erwünschte Kind geboren war. Lebenslänglich sollst du dasein für diesen Menschen, ihn ernähren, begleiten, unterstützen, ihn ermutigen, vorbereiten und auffangen, ihn eben zu jenem harmonischen, selbstbewußten, sensiblen Menschen erziehen, auf den die Welt gewartet hat.

Und wehe, du machst es falsch. Wehe, du erziehst ein

bißchen inkonsequent herum, je nach Stimmungslage. Wehe, du bist zu schwach, zu faul, zu erschöpft, um dein Letztes zu geben.

Dieses übermächtige Bild der hingebungsvollen, starken, liebevollen und geduldigen Mutter, das uns mit auf den Weg gegeben wurde, das nimmt Rache, wenn wir selbst ihm nicht genügen. Mögen Menschen Fehler machen – Mütter dürfen es nicht. Mögen Menschen erkennen, daß sie einer Aufgabe nicht gewachsen sind – Mütter haben durchzuhalten.

Und so kämpfen wir mit dem Ideal, arbeiten uns ab an diesem unmenschlichen Bild der lebensspendenden, sich verströmenden All-Mutter und fühlen uns wie die letzte Versagerin. Kommt dann noch eine von diesen perfekten Voll-Müttern, die tagein, tagaus ihren Kleinen den Himmel auf Erden bereitet, sie begleitet, fördert, wärmt und treibt, und weist dann eine dieser Schwestern mit leiser Anthroposophen-Stimme darauf hin, Knopf sei viel zu blaß, um gesund zu sein – ja dann gute Nacht Mama, dann kannst du erst einmal einpacken mit deiner Vorstellung der kombinierten Lebensverwirklichung, mit dem flotten Spruch «Alles eine Frage der Organisation».

Denn dann fühlst du dich mies und nimmst deinen Knopf mit nach Hause und machst ihm Wadenwickel und flößt ihm Fenchelhonig ein, liest ihm vor und kochst ihm einen extra sanften Griesbrei, und wenn er einschläft, sieht er schon ein wenig gesünder aus. Aber du, du schleichst dich in dein Bett und fällst hinein, und das letzte, bevor du die Augen schließt, ist der gräßliche Gedanke: Ich schaff es nicht. Diese Szenen stehen vor uns, wenn jüngere Frauen fragen: Geht das überhaupt? Immer mit dem bangen Unterton: Ich würde auch gern, aber ich traue mich nicht.

Hier und da hilft womöglich auch ein Blick zurück auf die eigene Mutter. Wie hat sie das hinbekommen? Hat sie verzichtet? Hat sie pausiert? Hat sie versucht, Familie und Beruf unter einen Hut zu bekommen?

Interessant: Mütter, die ich heute für besonders vorbildlich halte, haben meist mehrere Kinder. Sie sind aktiv, aber nicht überfürsorglich. Sie stehen nicht dauernd zur Verfügung, sondern delegieren Zuständigkeiten und wissen, es gibt andere Menschen, die sich auch gut kümmern können. Tanten, Geschwister, Haushaltshilfen, je nachdem.

Merkwürdig genug: Diese Mütter scheinen viel Zeit zu haben; sie strahlen eine Gelassenheit aus, die keine Hetze zuläßt. Ohne daß sie rund um die Uhr zur Verfügung stehen, schaffen sie mitten am Tag aus dem Stegreif Zeit für Spaß und Unterhaltung und verbreiten eine Atmosphäre, die für zuvor entgangene Zuwendung entschädigt. Eine kleine Belohnung, ein Spiel, eine Geschichte, das abendliche Vorlesen. Sie geben jedem in ihrer Umgebung ein behaustes Gefühl und vermitteln: Wenn du mich brauchst, bin ich da.

Und das ist zweifellos, was wirklich zählt.

Hallo Papa! Auch mal da?

Warum Väter sich so schwer tun

Die Werbung liebt sie – junge Väter mit Kindern. Gutgelaunte Daddys, hinreißende Kids. Sie bauen Höhlen, sie fahren Kanu, sie kehren bei McDonald's ein und bestehen die letzten Abenteuer, die Männer gemeinsam erleben können.

Mein Lieblingsmotiv ist eine Anzeige für ein Parfum: junger Typ, erstklassiger Anzug, Paisley-Krawatte, gegelter Schopf. Auf seinem Arm ein Baby. Vater und Sohn sind sich nah, wie sie sich näher nicht sein könnten, denn Baby ist nackt. Kratzt der Anzug nicht ein wenig? Nein, beide sehen höchst zufrieden aus. Papas breite Hand unterstützt den runden Po, und zwischen den Fingern quillt noch ein wenig Babyspeck heraus.

Wer einmal ein nacktes Baby in dieser Weise auf dem Arm halten durfte, kommt nicht umhin, sich Fragen zu stellen. Was, wenn das Kind in diesem Moment losstrullt? Wird Papa dann auch noch so stolz und glücklich aussehen? Was, wenn Baby jetzt beschließt, wirklich nicht länger auf die nächste Mahlzeit warten zu können – greift Papa dann wie selbstverständlich zum Breiteller?

Gedanken, die schon ziemlich weit außerhalb der Wirklichkeit dieses Fotos liegen. Der neue Mann, den die Werbung beschwört, kennt zwar Emotionen und hat auch Kinder, doch setzt er Prioritäten. Mehr als eine Viertelstunde morgens und abends sind einfach nicht drin für einen, der Karriere machen will.

Nur ein kleines Experiment: Können wir uns, ähnlich hergerichtet, eine junge Mutter im Business-Kostüm mit Baby auf dem Arm vorstellen? Durchaus. Allerdings rücken diese Bilder stets in Richtung Karikatur. Mama ist der personifizierte Streß: Laptop unter dem linken und Baby unter dem rechten Arm, den gehetzten Blick auf die Uhr gerichtet. Noch auf dem Weg zur Firma macht sie sich dumme Gedanken. Ob etwa das Au-pair-Mädchen auch die Mütze nicht vergißt, wenn sie mit dem Baby spazierengeht. Ob der Zahn heute wohl durchbricht und mit ihm eine neue Durchfall-Attacke zu erwarten ist.

Der Vater aus der Duft-Werbung weiß davon nichts. Gleich wird er seinen süßen Proppen der Mama in den Arm drücken und seinen Dienstwagen besteigen, um bereits auf dem Weg zum Büro per Handy die dringendsten Termine festzuklopfen.

Väter, die sich über das absolute Minimum hinaus in der Familienarbeit engagieren, sind nach wie vor rar gesät. Gerade mal zwei Prozent aller Männer nehmen Erziehungsurlaub, sind also wenigstens vorübergehend gewillt, Ernst zu machen mit der gemeinsamen Verantwortung für den Nachwuchs. Das ist, statistisch gesehen, so eben an der Wahrnehmungsgrenze.

In der Regel haben sie gute Argumente auf ihrer Seite. Erziehungsurlaub, das heißt oft auch Karriereknick. So einer empfiehlt sich nicht für höhere Weihen, denn der hat keinen Biß, der will es nicht wirklich wissen, der ist womöglich ein Weichei, ein Softie. «Wir dachten, Sie meinen es ernst mit dieser Aufgabe», kommentierte ein Abteilungsleiter die Nachricht seines Mitarbeiters, ein halbes Jahr für die Familie da sein zu wollen. Ein halbes Jahr …

Fast alle Stellenanzeigen für Führungskräfte gehen von dem klassischen Modell des männlichen Hauptverdieners aus, der sich auf den Job konzentrieren kann in der beruhigenden Gewißheit, daß ihm zu Hause der Rücken freigehalten wird. Weil das für Frauen in der Regel nicht zutrifft, leben 62 Prozent der weiblichen Führungskräfte als Single (im Gegensatz zu nur 16 Prozent der männlichen). Die Herren Abteilungs- und Bereichsleiter fürchten kaum etwas so sehr wie Brüche in der Laufbahn, und zweifellos ist auch ein kurzer Erziehungsurlaub ein erheblicher Bruch, vor allem in den Augen von Personalchefs, die einen solchen Schritt vom Wege grundsätzlich als Verdachtsmoment einsortieren. «Jetzt, wo ich die Chance habe, den Sprung zum Abteilungsleiter zu schaffen, da soll ich aussteigen und zu Hause mein Kind wickeln?» Da tut sich für die meisten Männer ein Abgrund auf.

Die schwierige Lage auf dem Arbeitsmarkt trägt nicht gerade zur mutigen Entscheidung bei. Ein Unternehmensberater faßt zusammen: «Die Arbeitgeber können sich nach wie vor auf die Vollzeit-Verfügbarkeit der Männer verlassen.»

Wir wollen nicht kleinlich sein. Setzen wir darauf, daß selbst ein Werbemotiv «Mann mit Kind» das Umdenken befördert. Selbst wenn es nicht viel mehr zeigt, als daß Männer hier und da durchaus gern Väter sind.

Aber warum sind sie nie da? Ob beim Elternabend, im Wartezimmer des Kinderarztes, bei der Anmeldung in der Musikschule – es sind die Mütter, die den Alltag ihrer Kinder regeln. Ein verstörender Kontrast zu dem Stolz, jenen stammelnden Worten, mit denen Männer das Erlebnis der Geburt ihres Kindes beschreiben. Da ist Aufbruch, Liebe und Hingabe. Da ist Wärme, Zuwendung, Verantwortung und Schutz. Da wird begeistert gewickelt, spazierengegangen, gefüttert. Aber irgendwie wird das alles im Lauf der Zeit immer weniger. Und obwohl zu Anfang von partnerschaftlicher Aufteilung die Rede war, von Flexibilität und Gleichberechtigung, sieht es am Ende doch so aus, daß die meisten Mütter alleinerziehende sind.

In den westlichen Industrienationen haben sich die Lebensformen und Gesellschaftsnormen in den letzten zwanzig Jahren schneller gewandelt als in den siebzig Jahren davor. Frauen sind besser ausgebildet als früher, sie haben sich neue Bereiche und gutdotierte Positionen erobert. Die Männer machen es genauso wie immer: Sie fühlen sich nicht für Kinder zuständig. Nicht nur, weil der Beruf an erster Stelle steht. Hier und da entziehen sie sich außerdem durch emotionale Abwesenheit, durch Trennung oder eine neue Partnerschaft.

Hundertfach haben Soziologen untersucht und beleuchtet, daß die Geburt eines Kindes für eine Frau einen ungleich stärkeren Einschnitt in ihre Lebensgewohnheiten bedeutet als für einen Mann. In einer Studie des Familienministeriums geben immerhin 97 Prozent der Väter an, beruflich habe sich für sie nach der Geburt ihres Kindes nichts verändert. Sie machen einfach weiter wie vorher. Während sich für uns sozusagen alles mit diesem Ereignis ändert.

Die meisten Frauen reduzieren ihr Arbeitspensum, viele steigen ganz aus, zunächst für eine begrenzte Zeit, wie sie sagen – nur um dann nach ein paar Jahren festzustellen, wie sehr sich die Bedingungen auf dem Arbeitsmarkt geändert haben und daß, leider, leider, kein Job mehr frei ist für eine Frau, die es sich geleistet hat, ein paar Jahre ganz der Familie zu widmen. Familienarbeit bedeutet Knochenarbeit: Kinder kennen keinen Schichtdienst. Es ist eine strapaziöse, unberechenbare und rundum fordernde Dauerstellung. Väter jedoch machen genau zu diesem Zeitpunkt einen Sprung nach oben auf der Karriereleiter, und um das Erreichte nicht zu gefährden, satteln sie gern noch drauf und kommen erst recht spät nach Hause. Besonders gern meiden sie die Stunde zwischen 19 und 20 Uhr, wenn die Kinder müde und quengelig sind und die letzte Runde im Tageslauf bewältigt sein will.

Das heißt, für die Aufgaben daheim und für die Betreuung der Kinder bleibt viel weniger Zeit als früher einmal versprochen. Da wurde von geteilter Elternschaft geträumt, da wurden Pläne geschmiedet, wie man sich durch Teilzeit und Erziehungsurlaub partnerschaftlich ergänzen wollte. Aber es ist wie verhext: Gerade in der Phase der Familiengründung, wo doch alles offen sein könnte, schnappt immer wieder zu, was der Journalist Thomas Gesterkamp so treffend die «Traditionsfalle» nennt. Der Soziologe Ulrich Beck erkennt «verbale Aufgeschlossenheit bei weitgehender Verhaltensstarre». Soll heißen: In der Theorie wird alles fein austariert, und hinterher siegt doch das gewohnte Ehe-Arrangement.

Schleichend verfestigt sich die Struktur: der abwesende Vater, die Mutter, die regelt, was anfällt. Das Muß-Programm: kochen, waschen, füttern und aufräumen. Hinbringen, abholen, organisieren, anschieben und trösten, wenn alles schiefläuft. Die Väter übernehmen das Kann-Programm: Man kann mal einen Ausflug machen und ein bißchen zusammen spielen. Wofür halt gerade noch Zeit ist am Sonnabend nachmittag, nach dem Tennis und vor der Einladung am Abend.

Weil Männer seltener mit den Kindern zusammen sind, haben sie kaum Routine in den kleinen Verrichtungen. Sie wissen nicht, wo das Schnuffeltuch liegt, und sie kennen nicht die kleinen Tricks, mit denen Jan und Laura das Essen schmackhaft gemacht werden kann. Weil die Routine fehlt, finden sie die ganze Kinderei reichlich anstrengend; was wiederum deutliche Auswirkungen auf ihre Bereitschaft hat, sich zeitlich mehr hineinzuhängen. Darüber werden Frauen bitter – und fühlen sich betrogen.

Die heutige Männergeneration will es vielleicht besser machen als die eigenen Väter. Doch das schwierige daran ist, daß es dafür keine Rollenmodelle gibt. Wie macht ein Vater es denn richtig? Väter als Zeitstopper in der Sportstunde, auf dem Klassenausflug, beim Kinderarzt und auf dem Geburtstagsfest; Väter, die den Ranzen ausmisten und die Strümpfe sortieren; Väter, die wissen, wie man einen saftigen Schokoladenkuchen hinkriegt und wo die Haarspangen abgelegt sind, welche Schuhgröße der große Flo jetzt braucht und auf welcher Seite die Bruchaufgaben erklärt werden: Wäre das nicht eine wunderbare Erfahrung? Nach getaner Erziehungsarbeit, wofür hier in Mitteleuropa gemeinhin achtzehn Jahre angesetzt werden, könnten diese Väter auf ihre wohlgeratenen Söhne und Töchter schauen und beifällig nicken: Ohne mich wären sie jetzt nicht so weit.

Wie aber sieht es tatsächlich meist aus? Unsere Kinder sind umgeben von Frauen, von Müttern und Erzieherinnen, von Lehrerinnen und Übungsleiterinnen. Männliche Vorbilder zum Anfassen? Sind reichlich knapp. Und schon verfestigt sich für eine weitere Generation das Bild des Vaters als fernem Helden, der draußen in der Welt macht und regelt, herstellt, herrscht und Geld verdient. Eine ideale Projektionsfläche für die Sehnsüchte kleiner Jungs auf der Suche nach dem Idol, dem Superman im täglichen Miteinander. Die vaterlose Gesellschaft bietet wenig Chancen für eine nachhaltige Veränderung.

Und selbst die äußeren Koordinaten halten hartnäkkig fest an diesem Modell der Arbeitsteilung: das Erbrecht und das Steuerrecht, die Sozialversicherung, die Lohnpolitik und die beruflichen Entwicklungschancen belohnen Männer, die Familienhäupter sind, und benachteiligen Frauen, die Kinder großziehen und trotzdem draußen in der Welt ihren Platz behaupten wollen. In der Ausbildung haben Frauen in den letzten 15 Jahren dramatisch aufgeholt. Auf jenen spektakulären Posten, die Macht und Einfluß bedeuten, sind sie allerdings nach wie vor dramatisch unterrepräsentiert.

Das wird sich in den nächsten zwanzig Jahren sacht ändern. Nicht, weil Männer plötzlich zum Teilen bereit sind, sondern weil immer mehr topausgebildete Frauen bewußt auf Kinder verzichten. Mal trauernd, mal erleichtert, daß sie sich nicht so zerreißen müssen wie die armen Kolleginnen, die so dumm waren, «alles» zu wollen.

Was aber bedeutet es, daß der Aufbruch der «neuen Väter» so kläglich versandet ist? Nichts anderes, als daß selbst diejenigen Männer, die damit Ernst machen wollen, wenig Unterstützung und Bestätigung gefunden haben.

Die übrigen, die diesem Experiment von Anfang an mißtrauisch gegenüberstanden, werden ihre Vormachtstellung und ihre Privilegien nun erst recht nicht freiwillig aufgeben. Weil sie einfach keine Lust haben, sich den Streß geteilter Familienarbeit aufzuladen, der Karriere einen Durchhänger zuzumuten und dafür auch noch im Freundeskreis Erklärungen abgeben zu müssen.

Alles läuft, wem sage ich das, auf einen Umbau der Arbeitswelt hinaus; auf flexible Arbeitszeitmodelle, auf mehr Teilzeitpositionen und Mischformen der Lebensarbeitszeit. Aber sollen wir etwa darauf warten?

Was ich hier beschreibe, ist den meisten Müttern, ob berufstätig oder nicht, nun wirklich keine große Offenbarung. Warum es trotzdem hier noch einmal so ausführlich dargestellt wird? Weil zu viele Mütter sich mit den abwesenden Vätern abfinden. Und das ist eine ganz gefährliche Resignation. Es ist meistens bequemer, sich selbst noch eine Umdrehung mehr zu beschleunigen als die 322. Grundsatzdiskussion anzuzetteln. Darüber, was er und was sie doch gut erledigen könnten. Darüber, daß es da einige Aufgaben im Tageslauf gibt, die sich sogar noch unterbringen lassen, obgleich der Kunde XY zwei Stunden auf sich warten ließ.

Wir sollten es den Männern nicht so leicht machen, sich zu entziehen. Schon allein wegen der Kinder nicht. Weil sie ein Recht auf einen Vater haben. Weil es Dinge gibt, die er zehnmal besser erklären vormachen und erzählen kann. Weil sie ihn, verdammt noch mal, einfach brauchen. Und weil sie in ihr Leben als Erwachsene eine Vorstellung davon mitnehmen sollen, wofür Väter gut sind. Wenn sie da sind. Einfordern, das ist die eine Seite – nicht zeternd und jammernd, sondern ruhig und konsequent. Die andere heißt: machen lassen. Und das ist für viele Frauen ungleich schwerer. Es bedeutet: zulassen, daß es anders gemacht wird als sonst. Anders, als sie es für richtig halten. Und dann heißt es: Stillhalten! Keine Noten verteilen, keine Vorschriften aufbauen, keine Mängellisten führen. Denn damit liefern wir den Männern ja nur den nächsten Vorwand, wiederum alles uns aufzuhalsen. Weil es niemand so gut macht wie wir!

Dieses vergiftete Lob aber wollen wir nie mehr hören! Verstanden?

Wenn wir gelernt haben, mit den auf Väter-Weise erledigten Familienaufgaben unseren Frieden zu schließen, werden wir feststellen, daß dies ein wunderbarer Weg zu mehr Zeit ist. Männer zu Kollegen machen! Um der Zeit hier und da ein Schnippchen zu schlagen und Strategien im Umgang mit Zeit zu entwickeln. Jetzt geht's los!

Moment mal ...

Frauen ticken anders

Gewußt haben wir es ja längst. Aber nun sind auch die Familiensoziologen und Zeit-Manager zu der Erkenntnis gelangt: Frauenzeit tickt anders als Männerzeit! Und das hat nicht nur mit unserer Rolle in der Familie und in der Gesellschaft zu tun, die wir im vorigen Kapitel beschrieben haben, sondern vor allem damit, wie wir diese Rolle verstehen und wie wir sie ausfüllen wollen.

«Die Zeit der Frauen ist anders strukturiert und wird anders behandelt als die Zeit der Männer», schreibt die Wiener Soziologie-Professorin Helga Nowotny. Das rührt daher, daß unsere Arbeitszeit sich anders verteilt als die der Männer. Die können in der Regel genauer trennen zwischen Erwerbstätigkeit, Familien- oder Hausarbeit und Freizeit. Berufstätige Frauen beginnen nach ihrer Heimkehr mit ihrer «zweiten Schicht» – mit Aufräumen, Putzen, Waschen, Kochen. Den Einkauf haben sie meist schon auf dem Nachhauseweg erledigt. So läßt sich schnell erklären, warum berufstätigen Frauen nach Langzeiterhebungen nur ein Drittel der Freizeit übrigbleibt, die ihren Männern zur Verfügung steht.

Gewiß gibt es die redlichen Ehemänner und Familienväter, die sich an der Hausarbeit nach Kräften beteiligen. Vergessen wir bloß nicht, sie mehrmals täglich als brillante Vorbilder zu loben! Und wir vergessen auch nicht jene Männer, die in ihrer Freizeit den Rasen mähen, die Dichtung am Wasserhahn erneuern und sich mehrere Wochenenden lang mit der Steuererklärung herumplagen.

Alles verdienstvolle Tätigkeiten, die überlebenswichtig sind und nicht kleingeredet werden sollen. Erlaubt sei lediglich der Hinweis auf den kleinen Unterschied: Männer beschäftigen sich daheim lieber mit Aufgaben, die handwerkliches Geschick oder technisches Verständnis erfordern. Die anfallende Routine hingegen überlassen die meisten gern ihren Frauen. Mit dem oben genannten Ergebnis.

Die Langzeiterhebungen haben noch etwas anderes ergeben: Ein Mann verbrachte 1871 nicht weniger als 56 Jahre seines Lebens mit Arbeit. Heute sind es nur noch 46 Jahre. Bei den Frauen verlief die Entwicklung genau andersherum. Für eine Erwerbstätigkeit außerhalb des Hauses opferten sie damals zusammengerechnet zwanzig Lebensjahre. Heute, da knapp 60 Prozent der Mütter mit Kindern unter 18 Jahren einen Job haben, sind es immerhin schon 30 Jahre. Vielleicht ist es nur ein dummer statistischer Zufall – aber es sieht ganz so aus, als hätten wir Frauen nun jene Zeit weniger, die die Männer gewonnen haben.

1995 hat das Statistische Bundesamt zum ersten Mal untersucht, welche Leistungen in der Freizeit erbracht werden. Ergebnis: 96 Milliarden unbezahlte Arbeitsstunden im Jahr. Und, nicht weiter überraschend, aber doch irgendwie deprimierend: Zwei Drittel dieser Gratisarbeit leisten Frauen.

Auch in anderer Hinsicht ist Frauenzeit mit Männerzeit nicht gleichzusetzen. Weil wir in der Regel unseren Tageslauf zwischen den verschiedenen Zuständigkeiten zu Hause und im Beruf aufteilen, sind unsere Erledigungen viel störanfälliger. Noch einmal die Soziologie-Professorin Nowotny: «Die Mutter verbindet die Aufsicht über die Kinder mit unzähligen, überlappenden ‹Neben›-Tätigkeiten, die gleichzeitig, immer wieder mit unzähligen Unterbrechungen, in der Routine eines Haushalts anfallen.» Sie spricht, wohlgemerkt, von der Fulltime-Mutter.

Bei berufstätigen Müttern ist das Potential der Pannen ungleich radikaler. Der kleine Schnupfen, das Auto, das morgens nicht anspringt, die unverhofft angesetzte Besprechung mit dem Team, die Schere, die besorgt werden muß, weil sie morgen im Unterricht benötigt wird – ach, wer zählt die teuflischen Details, die den besten Tagesplan aus der Bahn werfen? Viele von uns ziehen daraus den Schluß, Hektik und Chaos seien systemimmanent, wie man früher so schön sagte, und da könne man halt nichts machen, außer noch schneller zu laufen im Hamsterrad.

Frauen ist daher daran gelegen, daß endlich mehr flexible Arbeitszeitmodelle angeboten werden – ein Wunsch, der nun schon jahrelang mit wenig Echo vorgetragen wird. In anderen europäischen Ländern, vor allem in den Niederlanden, scheint das den Unternehmen weniger Probleme zu bereiten, ja ihnen sogar entgegenzukommen: Das Personal kommt dann, wenn die Arbeit anfällt, und bleibt daheim, wenn nichts zu tun ist.

In Deutschland wird für diesen an sich logischen Ansatz als leuchtendes Vorbild immer noch das Münchner Kaufhaus Beck angeführt, wo seit Jahren erfolgreich Arbeitszeitblöcke angeboten werden. Andernorts: Fehlanzeige. Frauen bliebe viel Streß erspart, wenn sie die wöchentliche Arbeitszeit besser mit ihren häuslichen Aufgaben koordinieren könnten. Männer wünschen sich meist eher einen längeren Jahresurlaub.

Andererseits ist längst bekannt, daß sich ein normaler Halbtagsjob in den Öffnungs- oder Unterrichtszeiten von Kindergarten oder Schule beim besten Willen nicht unterbringen läßt. Das ist schließlich der Grund, warum so viele alleinerziehende Mütter von der Sozialhilfe leben. Daß es für die öffentlichen Haushalte günstiger sein soll, Hunderttausenden von alleinerziehenden Müttern Stütze zu zahlen, anstatt angemessene Betreuungseinrichtungen für Kinder zu schaffen, das verstehe wer will. Zumal die Frauen, wenn sie denn einer Berufstätigkeit nachgehen, auch Beiträge zu entrichten hätten. Und zudem noch Arbeitsplätze geschaffen würden. Deutschland, so scheint es, hält eben in Treue fest an dem Gretchenbild der Vergangenheit. Die Frage ist nur, wie lange wir uns damit abfinden.

Daß unsere Zeit anderen Gesetzen unterliegt als die der Männer, mag uns melancholisch stimmen. Oder wütend machen. Viel wichtiger aber ist, daß wir uns darüber klarwerden, wie unsere Kinder Zeit erleben. Denn weil wir unseren Alltag nur bewältigen, indem wir uns einem strikten Zeitkorsett unterwerfen, muten wir ihnen manchmal mehr zu, als sie ihrer Entwicklung nach leisten können. Zuviel?

Um unsere Kinder nicht zu kleinen Erwachsenen zu machen, müssen wir uns immer wieder daran erinnern, daß Zeit für sie etwas völlig anderes bedeutet als für uns.

Beeilung!

Kinderuhren gehen langsam

Die drei Hauptsätze der berufstätigen Mutter im Dialog mit ihrem Kind, mit ihren Kindern lauten in allen Familien gleich. «Nun mach schon!» – «Wann bist du endlich fertig?» – «Wie lange muß ich noch auf dich warten?»

Wie oft meinen Kindern diese Fragen um die Ohren gehauen wurden? Ich kann es nicht zählen. Und kaum waren die Sätze draußen, habe ich sie bedauert. Weil ich mir doch gerade gestern vorgenommen hatte, sie nie wieder fallenzulassen.

Leicht gesagt. Aber schwer getan. Ja, ich weiß: Kinder haben kein Zeitgefühl. Sie können es nicht haben. Mit etwa acht Jahren kann ein Kind die Uhrzeit ablesen. Aber bis es imstande ist, ein realistisches Zeitgefühl zu entwickeln oder auch nur einzuschätzen, was in eine Viertelstunde paßt, dauert es Jahre. Erst mit etwa zwölf Jahren, sagen Psychologen, können sie mit einer realistischen Zeitvorstellung für sich selbst planen und regeln.

«Der Umgang mit der Zeit ist auch Umgang mit dem eigenen Ich», sagt die Psychologin Elisabeth Müller-Luckmann. Logisch, daß er erlernt wird, wie andere Kulturtechniken auch. Wie Lesen, Schreiben, Rechnen. Leider steht Zeitplanung oder, wie es neuerdings gern heißt, «Zeitökologie» auf keinem Stundenplan. Dabei wäre es sicher hilfreich, Kindern und Jugendlichen bestimmte Techniken beizubringen, damit sie später selbständig für ihre Zeit Verantwortung tragen können.

Wie auch immer, meine Kinder sind wie alle Kinder rechte Zeitchaoten. Und ich habe ziemlich lange gebraucht, um ihnen dieses Chaotentum zuzugestehen. Alles, was Spaß macht und sie hundertprozentig in Anspruch nimmt, fliegt vorüber: die Sportstunde, der Ausflug, der Film im Kino. Ferien sowieso, die vor allem! Alles, was bescheuert ist, dauert hingegen viel zu lange: die Mathestunde, das Essen mit den Erwachsenen am Tisch, wenn man noch nicht aufstehen darf, die Autofahrt.

Wie, um Himmels willen, soll ein kindlicher Tageslauf jemals mit dem eines berufstätigen Erwachsenen in Einklang gebracht werden können? Das habe ich mich schon gefragt, als ich gerade Mutter geworden war. Fassungslos stellte ich fest, daß ein Säugling, ein Mensch von gerade mal drei Kilo, höchst wirkungsvoll einen Tageslauf komplett durcheinanderwirbeln kann.

Seien wir ehrlich: Wir verlangen eine ziemliche Anpassungsleistung von unseren Kindern. Wir dressieren sie, sich gefälligst unter Zwängen unterzuordnen. Sie stehen auf, wenn wir finden, daß es Zeit dafür ist. Sie haben bis neun Uhr im Kindergarten einzutreffen, weil Erzieherinnen einen Achtstundentag haben, der irgendwann beendet werden soll. Sie sitzen um acht Uhr in der Schule, selbst im Winter, wenn der Schulweg über stockfinstere Straßen eine Gefahr für Leib und Leben darstellt. Sie gehen zur Klavierstunde, zum Tennis, zur Pfadfindergruppe, nicht weil die Sonne scheint oder der Platz gerade frei ist, sondern weil Erwachsene diese Termine eingerichtet haben.

Weil Kinder von Natur aus robust und überaus flexibel sind, ist diese Dressurleistung in der Regel unproblematisch und verläuft nach einer Anlaufphase, abgesehen von den berüchtigten Pannen und Durchhängern, im großen und ganzen reibungsfrei.

Dennoch ist es hilfreich, sich diese simple Tatsache ab und an vor Augen zu führen. Sie geben sich reichlich Mühe, die Kleinen, um uns unsere Dinge erledigen zu lassen. Da verschwindet Mama einfach jeden Tag, stundenlang. «Bin bald wieder da. Tschüs, mein Schätzchen!» Warum eigentlich? Das erfassen sie meist nur ziemlich vage. Und dann gibt es ja auch noch diese Tage, wo sie plötzlich zu Hause bleibt. Warum das nun wieder? Eine Woche – wie lange dauert das? Nein, es hat wenig Zweck, ein Zweijähriges darauf zu vertrösten, daß am Wochenende bestimmt genug Zeit dafür sei, den Turm zu bauen. Das ist irgendwann oder eben: nie.

Kinderzeit, ach ja. So schwierig es für ein Krabbelkind ist zu begreifen, warum Mama einfach verschwindet, so kompliziert ist es für uns, sich dieses Meer von unstrukturierter Zeit vorzustellen, in dem unsere Kinder treiben.

Aber eins ist zentral: Ein Block Zeit füreinander muß da sein, jeden Tag, zuverlässig und unumstößlich. Bei allem Druck, dem wir ausgesetzt sind, dürfen wir Kindern niemals den Eindruck vermitteln, sie seien unerwünschte, lästige Störenfriede. Kinderseelen brauchen Nähe, Zeit und Anerkennung, alles zu gleichen Teilen.

Kindern ist es nicht wirklich wichtig, wer ihr Essen kocht, wer ihre schmutzigen Hosen wäscht. Aber es ist ihnen keineswegs gleichgültig, wer sich mit ihnen beschäftigt. Eine tägliche Spiel-, Tobe- und Plauderstunde zu reservieren ist daher eine Säule in unserem Tageslauf. Und sie ist durch nichts zu ersetzen und darf nur in wirklichen Ausnahmefällen, in ganz dramatischen Notlagen gestrichen werden.

Das weiß doch jede Mama selbst, und erst recht wissen es die berufstätigen Mütter. Deswegen wird jetzt nicht auf diesem Punkt herumgeritten, obwohl er so wichtig ist. Wenn wir nämlich den Kindern dieses Recht auf uns selbst zugestehen, ganz selbstverständlich, dann fällt es uns auch leichter, etwas Ähnliches für uns selbst einzuräumen. Dazu später mehr.

Jetzt wissen es übrigens auch die Soziologen der Universität Wien. Deren Studie über das mütterliche Zeitbudget ergab, daß berufstätige Mütter sogar mehr Zeit mit ihren Kindern verbringen als nichtberufstätige.

Bitte sehr – für Gewissensbisse besteht kein Grund. Allerdings wächst mit der Zeit ein anderes Problem heran: Je größer Knopf und Knöpfchen waren, desto genauer wußten sie selbst, worauf sie Lust hatten und was gerade solchen Spaß machte. Kleinere Kinder einzufangen mit einem Tobe- oder Rollenspiel ist keine große Herausforderung für das mütterliche Einfühlungsvermögen. Aber Zehnjährige haben durchaus nicht Lust auf «Die Siedler von Catan» oder eine Runde Inline-Skating, bloß weil Mama, diese ständig gehetzte Frau, dazu jetzt gerade einen Moment Zeit hat.

Das hat mich anfangs ziemlich irritiert: Da schaufelte ich mühsam eine Lücke in den vollgestopften Tageslauf, um etwas mit den Kindern zusammen zu machen, und dann zeigten mir diese undankbaren Wesen die kalte Schulter. Erst nach und nach habe ich gelernt, darin nicht die kleine Rache zu sehen, sondern ihre gewachsene Unabhängigkeit. Es gibt so vieles, was sie reizt und unterhält. Knöpfchen wollte erst noch die Geschichte zu Ende schreiben, Knopf hatte einen Freund zu Besuch, mit dem er ein neues Computerspiel testete. Mama ist nur eine der Optionen. Vorschläge? Klaro. Aber ob wir mitmachen, das hängt ganz davon ab … Natürlich muten wir unseren Kindern durch unsere Berufstätigkeit unter anderem auch Freiräume zu, die andere Kinder nicht haben, weil sie stets und ständig von Mama umsorgt sind. Wenn unsere Kinder aber dann diese Freiräume auch für sich nutzen, ist das in Ordnung.

Sich aufzudrängen macht keinen Sinn. Hauptsache, wir sind da, wenn wir wirklich helfen oder trösten können …

Und am allerwichtigsten, jedenfalls bei uns: das abendliche Einkuscheln. Sich ganz dicht spüren, und dann ganz genau wissen: Boah, hast du mich lieb!

Zeit gewinnen: fünf Vorschläge

Zeitlöcher, nicht zuviel vornehmen, Leistungskurven, Nein, Lücken

Merkwürdig ist das, aber es stimmt: Egal wieviel Zeit für ein Vorhaben zur Verfügung steht – meist reicht sie gerade mal eben aus, um fertig zu werden. Und zwar ganz unabhängig davon, wieviel Minuten oder Stunden wir dafür innerlich zuvor reserviert haben.

Irgendwo in unserem planenden Hirn sitzt das Zeitzentrum, das uns eingibt, wie lange eine vertraute Aufgabe uns in Anspruch nehmen darf. Rechtzeitig vor Ablauf dieses Zeitfensters beginnt die innere Stoppuhr abzulaufen: Noch 30 Minuten, noch zwanzig, zehn ... Ende.

Ob wir nun acht Stunden am Tag und mehr außer Haus sind oder uns den ganzen Tag der Familie widmen: Hausarbeit nimmt gerade soviel Zeit in Anspruch, wie wir ihr widmen. Wenn wir in einer halben Stunde das Haus verlassen müssen, schaffen wir in diesen 30 Minuten, die Betten zu machen, das Badezimmer aufzuräumen, Kloschüssel und Waschbecken wieder in den benutzbaren Zustand zurückzuführen und in der Küche das schmutzige Geschirr in die Maschine zu räumen. Hätten wir den ganzen Vormittag nichts weiter zu tun, würden wir diese Tätigkeiten natürlich sehr viel sorgfältiger erledigen. Ob wir aber sehr viel mehr schaffen würden, ist die Frage. Ein ewiges Geheimnis! Oder doch nicht?

Es kommt nur auf die Maßstäbe an: Sind wir zufrieden, wenn morgens kurz das Schlafzimmer gelüftet und einmal in der Woche staubgesaugt wird? Oder pocht das Hausfrauengewissen, wenn nicht täglich Bad und Küche auf Hochglanz gebracht werden? Wenn wir wagen, mal ein Essen auf den Tisch zu setzen, das nicht so richtig «selbstgekocht» ist?

Die Sache mit dem Haushalt ist nur ein Beispiel dafür, daß wir unsere Zeit flexibel einrichten können. Wenn uns das klar geworden ist, müssen wir Entscheidungen treffen. Das tun wir nicht gern, aber in diesem Fall können wir damit etwas Angenehmes verbinden. Wenn wir uns nämlich darüber klar werden, womit wir unsere Zeit ausfüllen, könnte es passieren, daß wir das eine oder andere weglassen. Und schon tut sich eine Möglichkeit auf, hier und da eine Viertelstunde, womöglich gar ein ganzes Stündchen einzusparen.

Und genau das ist unser Ziel: Abknapsen von Zeit, die bislang für Unwichtiges draufging, und sie ausfüllen mit lohnender Beschäftigung.

Ein Programm, das Müttern mehr Atempausen verspricht, kann nur funktionieren, wenn hier und da im Tageslauf ein wenig Zeit dafür zurückgelegt wird.

Ich höre schon das hysterische Kichern ... Ausgerechnet! Zeit ist heute ein derartig kostbares Gut, daß ständiger Mangel herrscht. Wenn eines Tages die Lotto-Gesellschaft statt eines Jackpots von 35 Millionen Mark einen Zeitgewinn von drei Jahren ankündigen würde – ich bin sicher, die Zahl der Teilnehmer würde alle Rekorde brechen. Nichts scheint uns so sehr zu fehlen wie Zeit; und dabei leben wir doch in einer hochbeschleunigten Epoche, in der Entfernungen geschrumpft und anstrengende Tätigkeiten zu einem Knopfdruck geschmolzen sind. Alles instant, oder was?

Nein, das ultimative Programm des Zeitmanagements wird hier nicht angeboten. Unzählige Seminare vermitteln so etwas an gehetzte Manager und hochdotierte Angestellte, die hoffen, noch mehr Geld aus ihrem Tageslauf herauspressen zu können, wenn sie nur alles nach Dringlichkeit sortieren, in kleine Abschnitte zerlegen und ihren Kalender sorgfältig ausfüllen.

Die Regeln, die ich in meinem Alltag zu befolgen versuche, haben nichts mit Management zu tun. Sie sind eigentlich nichts weiter als Pflöcke, die ich in den Boden gerammt habe, um mich im Chaos der täglichen Aufgaben und Verpflichtungen orientieren zu können.

Wenn ich das erste Mal in einer unbekannten Stadt bin, suche ich zunächst irgendeinen Berg, einen Turm oder ein Hochhaus, um einen Überblick über die Topographie zu bekommen. Ich erkenne von oben viel einfacher, wohin sie sich ausdehnt, wie die Himmelsrichtungen liegen, wo der Fluß, das Wasser verläuft und in welcher Entfernung die markanten Punkte zueinander stehen. Auf ähnliche Weise helfen mir diese Planungspflöcke, wenigstens einen groben Überblick zu behalten über das, was ich schaffen will, und das, was ich tatsächlich geschafft habe.

Ich kenne den Einwand, der jetzt unweigerlich erhoben wird: Das Typische für uns *working mummys* ist ja eben, daß immerzu etwas dazwischenkommt, was unsere Planung über den Haufen stürzt und die raffiniertesten Erledigungslisten zur Makulatur macht.

Stimmt. Ich habe es selbst hundertfach erlebt und mich längst von der Illusion verabschiedet, es wäre vielleicht doch möglich, ein System aufzustellen, das sich durch diese Überraschungen nicht aus dem Takt bringen läßt. Dieses System gibt es nicht! Wir sollten keine Zeit mehr dafür verschwenden, es zu suchen.

Was es aber gibt, ist die Chance, uns vom eigenen Perfektionismus zu verabschieden und unser Zeitbewußtsein zu schärfen.

Und das ist der erste Ansatz, ein wenig Zeit zu gewinnen. Gibt es hier und da **Zeitlöcher**, die uns Minuten rauben? Wartezeiten, Bummelzeiten, Stauzeiten, Glotz-Zeiten? Manche davon lassen sich nicht vermeiden; es gibt tatsächlich so etwas wie den Dauerstau auf dem Weg zum Job, den keine Umleitung, kein Schleichweg umfährt. Anders ist es mit jenen zweieinhalb Stunden, die – statistisch gesehen! – jeder Deutsche täglich vor dem Fernseher verbringt. Es gibt keine Zahlen darüber, aber ich bin mir sicher, daß Frauen in dieser Statistik deutlich unterrepräsentiert sind. Schon allein, weil sie imstande sind, noch etwas parallel zu erledigen – die Bügelwäsche zum Beispiel, die Salatsauce oder ähnliches.

Also noch einmal: Die Aufgabe heißt nicht, diese Zeitlöcher mit Sinnvollem, Vernünftigem oder Besserem zu füllen. Ob sie zu vermeiden sind oder nicht, muß jeder für sich entscheiden. Aber es ist wichtig zu erkennen, wo sie sich auftun und ob wir sie akzeptieren oder ob wir überlegen sollen, sie zu flicken.

Wie lange brauchen wir morgens, um aufzustehen,

ein paar Gymnastikübungen hinzulegen, zu duschen, Zähne zu putzen, uns anzuziehen, das Frühstück vorzubereiten, die Kinder zu wecken, zu kontrollieren, ob sie die richtige Kleidung aussuchen, gemeinsam am Frühstückstisch zu sitzen, danach das Zähneputzen zu überwachen, Schulbrote zu schmieren, noch ein paar aufmunternde Worte mit auf den Weg zu geben, um danach dann selbst das Haus zu verlassen?

In unserem Fall würde ich dafür ungefähr anderthalb Stunden veranschlagen. Als ich es einmal bewußt beobachtet habe, mußte ich feststellen, daß es beinahe zwei volle Stunden waren. Klar, sagte ich mir, heute hat es länger gedauert, weil Knöpfchen noch vor der Schule inhalieren mußte. Aber am nächsten Tag dauerte es wiederum zwei Stunden, weil ein Bett neu bezogen werden mußte ...

Typisch: Die meisten von uns unterschätzen die Dauer von täglich wiederkehrenden Routinebeschäftigungen. Was uns vertraut ist, dauert in unserer Vorstellung nie so lange, wie es in der Praxis tatsächlich in Anspruch nimmt. Wahrscheinlich, weil uns diese Tätigkeiten langweilen und nicht wirklich interessieren. Aber hier liegt ein Grund dafür, warum wir ständig in Zeitnot geraten – wir alle sind nämlich Illusionisten der Dauer. Wir sollten aber Realisten sein – und jedem Ding möglichst exakt so viel Zeit einräumen, wie es nun einmal dauert. Sonst jagen wir ständig den verlorenen Minuten hinterher in dem Bewußtsein, zu langsam zu sein. Was Unfug ist: Alles hat einfach nur den Zeitraum in Anspruch genommen, der realistischerweise dafür notwendig ist.

Das führt unmittelbar zur nächsten Regel: **Nicht zuviel vornehmen.** Ich habe das Vergnügen, mit einem Mann verheiratet zu sein, der ein großer Vornehmer ist. Er fertigt Listen an mit rot unterstrichenen Punkten und schwarz markierten Unterpunkten, die mich blaß machen vor Neid. «Das willst du alles heute schaffen?» – «Klar», pfeift er munter. «Wenn ich erst einmal im Schwung bin ...»

Sein Optimismus ist unverbesserlich. Es ist immer das gleiche, und ich habe mir abgewöhnt, diesen Triumph auszukosten: In der Mehrzahl der Fälle bleibt etliches von diesen Listen unerledigt. Macht nichts, sagen nun die großzügigen Zeitoptimisten, setzen wir es morgen eben wieder auf die Liste. Aber insgeheim sitzt dahinter schon der Frust: Nicht geschafft. Ein Mißerfolg. Eine Niederlage. Zurückgeblieben hinter den eigenen Erwartungen. Nichts, was unsere Laune hebt.

Viel besser: lieber etwas sparsam mit den Vorhaben, aber dafür realistisch. Es ist ein ungemein erhebendes Gefühl, abends eine solche Liste komplett abhaken zu können; viel besser, als am nächsten Morgen das Unerledigte umzuheben.

Apropos Morgen: Es gibt da diese Erkenntnis der Chronobiologie. Eine Wissenschaft, die sich mit Rhythmen und **Leistungskurven** von Lebewesen befaßt. Dabei haben die Forscher festgestellt, daß es bestimmte Tageszeiten gibt, in denen uns einige Tätigkeiten leichter fallen und rascher von der Hand gehen. Warum? Der menschliche Körper hat einen gewissen Ruhe-Aktivitäts-Rhythmus von ungefähr neunzig Minuten. Nach anderthalb Stunden Konzentration schweifen die Gedanken ab, wir brauchen eine Pause, um einen kleinen Happen zu essen oder zu trinken. Maschinen können, wenn sie hervorragend gewartet werden, ununterbrochen auf Hochtouren laufen. Unser Körper ist dazu nicht imstande. Angeblich ist dieser Pausenrhythmus sogar auf sechzig Minuten reduziert, wenn wir unter Streß stehen.

Selbst wenn wir meinen, auf Pausen verzichten zu können, und lieber «durchmachen», um früher nach Hause zu gehen: Der Körper läßt sich nicht täuschen. Unlust, Müdigkeit und Ungeschick häufen sich. Die Effizienz leidet, und am Ende geht mehr Zeit dabei drauf als notwendig. Das wissen inzwischen auch Arbeitsmediziner. In Fabriken, die feste Pausen zur Vorschrift machen, und zwar mehrere, steigt der Ausstoß der Produktion um bis zu zehn Prozent.

In den letzten Wochen meiner Schwangerschaft, kurz bevor ich in den Mutterschutz ging, genehmigte ich mir das Privileg eines Mittagsschlafs. Tür zu, Augen zu. Nur ein Viertelstündchen. Tat das gut. Schon diese fünfzehn Minuten genügten, um am Nachmittag noch einmal den Turbo einzulegen.

Es ist dumm und unsinnig anzunehmen, daß wir uns über diese gewissermaßen eingebauten Bedürfnisse hinwegsetzen könnten, wenn wir uns nur anstrengen. Die Energie, die wir benötigen, um die fehlende Pause zu überspielen, ist vergeudet. Vielmehr sollten wir von vornherein auch Pausen einbauen, wenn wir darüber nachdenken, was wir alles an diesem Tag schaffen wollen. Wir kommen darauf später noch einmal zurück –

denn genau diese kleinen Erholungsschübe lassen sich für unser Programm überraschend gut nutzen. Und sie helfen uns damit gleich auf doppelte Weise.

Nun noch schnell die vorletzte Regel für den bewußten Umgang mit Zeit. Sie besteht eigentlich nur aus einem einzigen Wort, und das heißt: **Nein**. Berufstätige Mütter leiden oft unter einem Sprachfehler – sie haben Probleme, dieses Wort auszusprechen. In ihrem Bemühen, die losen Enden ihrer Funktionen, all das Unerledigte, Halbvollendete, atemlos im Stich Gelassene zusammenzuführen, laden sie sich noch ständig neue Aufgaben auf. Lassen sich einspannen. Sind gutmütig. Machen schnell selbst, was eigentlich die Sache der anderen ist. Bitten viel zu selten um Aufschub. Immer in der Furcht, den Erwartungen womöglich nicht zu entsprechen. Wir müssen nicht überall und immerzu gleich gut sein.

Wir können es auch gar nicht. Allerdings müssen wir imstande sein, Prioritäten zu setzen. Und das eigentlich täglich neu. Ein krankes Kind oder eins, das weinend aus der Schule kommt und jetzt sofort mit Mama reden muß, hat genau die gleiche Priorität wie ein Arbeitspapier, das vor der Sitzung noch kopiert und allen Teilnehmern zugefaxt werden muß. Es kommt eben ganz darauf an. Aber mit der Zeit werden wir immer besser darin, die jeweilige Priorität festzulegen und uns danach einzuteilen.

Sollten wirklich einmal zwei unvereinbare Ziele aufeinanderprallen, dann müssen wir entscheiden: Welches braucht mich in diesem Augenblick mehr, und für

welches kann ich mir auf die Schnelle noch Hilfe heranholen? Das klingt brutal, aber es ist die einzige realistische Strategie in einer solchen Situation. Schließlich ist
keinem geholfen, wenn wir wie ein aufgeregtes Huhn
herumflattern, Wind machen und Panik verbreiten. Das
hinterläßt bei anderen höchstens den Eindruck, daß
diese Frau in dieser Lage tatsächlich überfordert ist.
Und diesen Triumph gönne ich nach Möglichkeit niemandem. Niemandem!

Grundsätzlich gilt: Wir haben bereits mehr als genug
zu tun. Und mitunter droht uns dieses Zuviel, die Luft
abzuschnüren. Was wir gerade so eben schaffen, ist sowieso schon mehr, als andere sich träumen lassen.
Warum sollten wir uns also restlos versklaven und auch
noch anderen das abnehmen, was diese ebenso gut
selbst erledigen können? Meist halsen sie es uns sowieso nur deshalb auf, weil sie sich auf unsere Unfähig-
keit, nein zu sagen, verlassen. Damit ist jetzt Schluß.

Ein guter Rat von Zeitmanagement-Experten ist auch
die Sache mit der **Lücke**. Dahinter steht die Erkenntnis,
daß viele Tagespläne gar nicht klappen können, weil immer wieder das Unerwartete dazwischendonnert und
sein häßliches Haupt erhebt. Letztlich aber ist das
angeblich so Überraschende, die Störung, das Telefon,
der neue Termin, die plötzlich angesetzte Konferenz,
die Panne, eine E-Mail, auf die wir sofort reagieren müssen, durchaus nichts Überraschendes. Sondern fast die
Regel.

Etwa zwanzig Prozent des Tagesplans sollen für das
Unerwartete reserviert sein. Für das, was sich einfach

dazwischenschiebt. Meiner Meinung nach sind zwanzig Prozent dafür reichlich niedrig angesetzt. Es kann ja mal vorkommen, daß tatsächlich nichts dazwischenkommt – daß wir unsere Arbeit wie vorgesehen wegschaufeln können. Sollte dann tatsächlich noch ein wenig Zeit übrigbleiben, läßt sie sich locker mit Routineaufgaben nutzen; mit Anrufen, Korrespondenz, Buchhaltungskram oder für eine lange fällige Aktennotiz.

Fest steht: Wer seine Aufgaben für einen Tag realistisch sortiert, nicht zuviel draufpackt und auch an die Pausen denkt, hat am Abend das wunderbare Gefühl, seinen Job gut gemacht zu haben.

Aber immer wieder passiert es mir, daß ich nach Hause komme, mit Frust bis oben hin gefüllt: weil ich meiner Ansicht nach nicht genug geschafft habe, mit dem großen Projekt steckengeblieben bin, einen wichtigen Kollegen nicht erreichen konnte. Weil wieder einmal die Post liegengeblieben ist und jemand, den ich anrufen sollte, nicht zu erreichen war. Am liebsten würde ich aus all diesem Frust und Mist ein kleines Päckchen schnüren und es auf dem Heimweg in der S-Bahn liegenlassen. Dann fiele der Ballast weg, und meine Kinder hätten mehr von mir.

Zehn gnadenlose Zeitfresser: zum Abgewöhnen

Einkaufen, Wäsche, Ordnung, Eßgewohnheiten, Ehrgeiz, Ferien, Haustiere, Foto & Video, Familie, Weihnachten

Keine Zeit. Aber niemand weiß, wo sie tatsächlich auf der Strecke bleibt. Die zehn Beispiele für gnadenlose Zeitfresser, die hier angeführt werden, sind das Ergebnis einer Selbstbeobachtung. Daraus folgt: Hier werden individuelle Zeitfresser entlarvt; Annas nämlich.

Warum ich es trotzdem für sinnvoll halte, diese zehn hier vorzustellen? Weil ich sie auch von anderen kenne. Auch weil es Rituale sind – so vertraut, daß wir nie daran denken, sie in Frage zu stellen. Wie dumm. Wenn wir anfangen, darüber nachzudenken, was tatsächlich notwendig, unverzichtbar, lebenswichtig ist, tun sich unerwartete Möglichkeiten auf gegenzusteuern.

Gefahr erkannt, Gefahr gebannt? Nein, das wäre naiv. Der Ansatz zählt. Bin ich mir erst einmal darüber klargeworden, wo diese Feinde lauern, gelingt es mir wenigstens ab und an, einige Minuten vom Zeitkonto abzubuchen für Beschäftigungen, die nicht überlebenswichtig sind, aber bessere Laune bringen.

❧ ZEITFRESSER: **Einkaufen**
Der schwedische Wirtschaftswissenschaftler Staffan B. Linder («Das Linder-Axiom») hat vor 20 Jahren untersucht, «warum wir keine Zeit mehr haben» (so der Untertitel seines Bestsellers). Seine Erkenntnis: Der zunehmende Wohlstand habe nicht, wie zu erwarten ge-

wesen wäre, zu einem kulturellen Aufschwung geführt, sondern im Gegenteil die Menschen unzufriedener gemacht, obgleich der Anteil der Arbeitsstunden am Tageslauf ständig sinkt. «Weil Zeit ja nicht unbeschränkt zur Verfügung steht und weil wir an sie immer höhere Ansprüche stellen, ist unser Wohlstand nur ein partieller, kein totaler, wie wir offenbar meinen. Er besteht nur aus einem reichen Angebot an Waren.»

Und dieses reiche Angebot erweist sich als ziemlich teuflischer Zeitfresser. Weil nämlich «nicht nur das Produzieren, sondern auch das Konsumieren Zeit in Anspruch nimmt ...».

Es soll Frauen geben, die Einkaufen etwas Wunderbares finden. Die bunte Warenwelt weckt ihre Neugier, immer wieder. Sie müssen einfach nachsehen, was im Supermarkt, im Kaufhaus oder auch in der Parfümerie an der Ecke an Neuheiten eingetroffen ist. Ob der pistazienfarbene Blusenblazer endlich heruntergesetzt worden ist?

Ich habe es mir mühsam eingeredet, und irgendwann habe ich es gelernt. Mit hoher Wahrscheinlichkeit erwartet mich ziemlich genau das gleiche Angebot wie gestern. Und davon haben wir alle längst genug. Außerdem ist das Sortieren, Benutzen und Pflegen von Besitz einer der schlimmsten Zeitfresser überhaupt.

Aber was ist mit dem sogenannten täglichen Bedarf? Mit Milch und Brot, Joghurt, Nudeln, Salat und Äpfeln?

Es hilft alles nichts – hier muß geplant werden. Anstatt jeden Morgen panisch zu überlegen, was heute auf dem Tisch stehen soll, ist einmal in der Woche (bei mir hat sich dafür der Freitagabend eingebürgert) Zeit für die Freßliste.

Als erstes sollten Sie eine Bestandsaufnahme der Vorräte anpeilen. Man glaubt nicht, was sich durch eine gezielte Bevorratung schon alles an Eventualfällen von Hunger- und Gästeattacken bewältigen läßt.

Das Ziel dieser Liste: Je besser die rhythmisch aufgefüllte Vorratshaltung, desto weniger muß zwischendurch besorgt werden. Das läßt sich dann locker reduzieren auf den klassischen Dreisprung: Milch, Brot, Obst.

Im Idealfall ist der Vorrat so sortiert, daß ein durchschnittlicher Vierpersonenhaushalt damit für sechs Tage Grippe, Schneekatastrophe oder Smogalarm gerüstet ist. Ein gutes Gefühl übrigens, falls Sie heute abend in tiefe Bewußtlosigkeit fallen sollten. Ihre Familie ist imstande, vorübergehend ohne Ihren Beistand zu überleben.

Allerdings ist es mit dieser positiven Einstellung zur Vorratsbewirtschaftung allein natürlich nicht getan. In Zukunft will das System gepflegt sein. Das bedeutet: Was auch immer dem Vorrat entnommen wird, muß sofort auf der aktuellen Einkaufsliste eingetragen werden.

Beim Wochenkauf muß dann *en passant* auch der Vorrat wieder aufgefüllt werden. Denn gerade der ideale Vorrat ist nach drei Wochen nur noch Flickwerk.

Natürlich kostet solch ein Wochenkauf gemein viel Zeit. Ärgerlich zahllose Minuten rattern durch – parken, sich im Labyrinth der Regale die Sachen herausflöhen, an der Kasse anstellen, Ware aufs Band hieven, zahlen,

einpacken, umpacken ins Auto – es ist die reine Straf-
arbeit.

Trotzdem lehrt die Erfahrung: Alles besser, als jeden
Tag einen kleinen Einkauf zu bewältigen und trotzdem
noch in der Panik zu leben, es fehle etwas.

Diese Art von Vorratsbewirtschaftung ist weiter aus-
zufeilen. Ich gebe zu, davon bin auch ich noch weit ent-
fernt. Beispielsweise ärgere ich mich, daß ich immer
wieder auf Großgebinde im Sonderangebot hereinfalle,
die erstens Platz fressen und zweitens ein Flop sind
(«Schmeckt voll fies, Mama!»). Was mache ich nun mit
vier Packungen falscher Cornflakes?

Leider sind es ja auch nicht nur Lebensmittel, die im
entscheidenden Augenblick nach Ladenschluß fehlen.
Wie oft tönt morgens ein gellender Schrei durchs Haus:
Mama! Ich brauch noch ein Matheheft. Oder: Wo ist
der Radiergummi? Ersatzweise: Kleber, Prittstift, Auf-
gabenheft … Es ist eines der tausend Geheimnisse meiner Kinder, warum ihnen diese Utensilien, kaum haben
sie den Schulhof mittags verlassen, komplett entfallen,
nur um pünktlich morgens um zwanzig vor acht wieder
ins Gedächtnis zu plumpsen.

Ich träume davon, mit Knopf und Knöpfchen eine
Art Schulvorrat einzurichten, ähnlich dem Kellerregal,
um auf alle Eventualitäten einschließlich Geburtstags-
einladungen vorbereitet zu sein. Wir haben es noch
nicht geschafft.

Vielleicht sind andere Mütter energischer und setzen
diese Idee auf der Stelle um.

Die ungeplante Einkaufsrallye Tag für Tag ist jedenfalls eine böse Zeitfalle, und wer ihr nur wenigstens ab

und an entgeht, hat schon gewonnen. Wie es auch anders gehen könnte, findet sich im Kapitel «Zeitspender», Abschnitt «Computer».

Und noch eine wichtige Ergänzung. Ein, zwei vertrödelte Stunden in der Stadt mit Schaufensterbummel oder Shopping können natürlich Balsam für die Seele sein. Dann darf er aber nicht mit Muß-Erledigungen befrachtet und sollte deutlich als Belohnung auf dem Punkte-Konto geführt werden («Trödeln als Angebot»).

ZEITFRESSER: Wäsche

Nirgendwo in der Welt wird mit dem Verkauf von Waschmaschinen, Waschpulver, Wäschestärke, Wäschespinnen, Bügelspray und anderen Hilfsmitteln soviel Geld verdient wie bei uns. Nur in diesem Land konnte die Waschmaschine erfunden werden, nur hier gehört das unablässige Wappwappschlurch zum Alltag wie andernorts der Cappuccino oder der Café au lait.

Nun ist es gewiß nicht übertrieben zu behaupten, das Thema Wäsche und ihre Pflege gehe 90 Prozent der Männer am Unterhemd vorbei. In den Bildern, die die Werbung gern unserem Unterbewußtsein einmassiert, erscheinen männliche Verschmutzer und Verbraucher nur am Rande: wenn sie entweder mit einem maschinenölverschmierten Blaumann vor ihrer Ehefrau stehen und um Hilfe winseln oder wenn sie sich, soeben aus dem Bett gesprungen, voller Schwung ein blütenweißes Hemd über den Kopf streifen. Daraus folgt: Mit der anfallenden Arbeit, die Wäsche bedeutet, sind sie überhaupt nicht befaßt. Gern überlassen sie uns diesen Raum häuslicher Kreativität.

Das unterscheidet dieses Thema vom Kochen, ganz grundsätzlich betrachtet. Es gibt ja immer wieder Männer, die gern wenigstens ab und an eine genießbare Mahlzeit auf den Tisch bringen. Hingegen ist mir noch nie ein männliches Wesen begegnet, das erklären könnte, welche Teile mit 30 und welche mit 60 Grad zu waschen sind. Auch beim Bügeln lautet die gängige Ausrede: Meine Frau sagt, ich sei ein hoffnungsloser Fall.

Zugegeben eine ziemlich geniale Strategie, um zu verhindern, mit dieser Aufgabe betraut zu werden und selbst seine Erfahrungen zu machen, womöglich auch ärgerliche.

Gerade beim Zeitfresser Wäsche bietet sich an, ein kleines Programm zu testen, das uns entlastet.

Am schwersten ist, mal wieder, der erste Schritt. Wir setzen alles daran, uns den eigenen Perfektionismus abzugewöhnen. Als Single fand ich es auch unerläßlich, jedes Teil meiner Garderobe einschließlich der Unterhosen makellos blütenfrisch in den Kleiderschrank einzusortieren. Der Anblick von übersichtlich eingeräumten Regalen mit wohlgeordneten Stapeln von T-Shirts, Slips, BHs und Bodys kann ein geschultes Auge in höchstem Maß beglücken.

Einen ersten Dämpfer erhielt diese Leidenschaft, als Knopf geboren wurde. Die schiere Menge der anfallenden Maschinenladungen gebot es plötzlich, zu unterscheiden zwischen außen und innen. Nämlich den unsichtbar am Körper getragenen Stücken und denen, die andere zu sehen bekommen. Ich habe den Test gewagt: ein Wäschekorb voller Hemdchen, Jäckchen, Strampler,

Einschlagtücher, Zwischenlagen, zuzüglich der erwachsenen Wäsche einmal gebügelt, macht 50 Minuten, im zweiten Fall lediglich in halbwegs überschaubare Stapel zusammengelegt und einsortiert, macht 20 Minuten.

Sicher ist es ein herrliches Gefühl, ein auf Kante gelegtes T-Shirt vom Stapel zu nehmen. Aber die Minuten, die es braucht, um ein sauberes, von 250 Trommelumdrehungen verschrumpeltes Hemd in diesen Zustand zu versetzen, sind unwiderruflich verflogen – ewig schade, oder nicht?

Und nun noch ein weiterer kühner Gedanke, für ganz Mutige. Wäsche als Probe der Partnerschaft – ließe sich das mal andenken? Viele Freundinnen und Kolleginnen, die ich danach fragte, warum sie ihren Männern den Umgang mit verschmutzter oder ungebügelter Wäsche nicht zumuten wollen, hatten gleich viele Gründe, die dagegen sprachen: Der kann das nicht. Der ruiniert mir die besten Sachen. Der braucht doch Stunden dafür. Da mach ich es lieber schnell selbst.

Selbst schuld, kann ich da nur sagen. Sind wir nicht auch im Umgang mit den Kindern oft genug gezwungen, ihnen etwas beizubringen, was wir im Zweifel schneller und besser machen? Ich empfehle, hier einmal das männliche Ego als Kind einzusortieren. Und schon wird unser angeborener pädagogischer Eros nicht ruhen, ihm den Umgang mit der Wäsche beizubringen. Und zwar so, daß er ihn nicht nur lässig beherrscht, sondern auch noch vergißt, warum er es früher nie machte.

Die Lektion heißt also: «Wir lernen, wie Mann wäscht.» Erstens: das Vorsortieren. Sehr entscheidend zur Schadensbegrenzung. Wieviel Grad verträgt welches Gewebe? Welche Farben dürfen zusammenbleiben, welche vertragen sich auf keinen Fall?

Am besten, Sie sortieren eine Woche lang gemeinsam die anfallende Schmutzwäsche. Erst Stück für Stück, und dann darf er es zum erstenmal allein wagen, natürlich noch mit Hilfe der Expertin. Oh, wie wird er heulen und fluchen. Pfeifen Sie drauf. Bleiben Sie geduldig. Womöglich macht er anfangs sogar absichtlich Fehler, wirft Ihr Seidentop in die Ladung mit Bettwäsche und Handtüchern. Da heißt es eisern Nerven behalten. Jetzt nicht aufgeben. Bemerken Sie gelassen: Das kann schon mal passieren zu Beginn. Wie wär's, wenn du mir ein neues Top kaufst? Dann merkst du dir einfach besser, daß dieses Material keine Buntwäsche bei 60 Grad verträgt.

Bedenken Sie, welche Bereicherung eine Beziehung dadurch erfahren kann, wenn zwei Menschen ganz offen miteinander die Frage erörtern, ob normal verschmutzte Jeans bei 40 Grad eine Vorwäsche brauchen oder nicht ...

Weiter: Auch nasse Wäsche aufzuhängen will geübt und vermittelt werden. Männer müssen erst die Gesetze der Physik begreifen – daß nämlich Wasser rascher verdunstet, je mehr Oberfläche der geschleuderten Wäscheteile der Luft ausgesetzt ist. Also: Nicht engherzig alles übereinander auf der Leine festwurschteln, sondern großzügig ausbreiten. Gegebenenfalls ist der Einsatz des Trockners durchzunehmen, vor allem, welche Teile absolut nicht hineingehören. Tja, und dann wäre da noch das Bügeln. Ein weites Feld, ein hoher Berg. Aber gemeinsam sind wir stark.

Ich höre schon den Chor der Einwenderinnen. Die einen zischen wütend: «Na prima. Den Ratschlag können Sie für sich behalten. Im Haushalt einer alleinerziehenden Mutter spielt es keine Rolle, wie viele Männer wohl endlich das Waschen lernen ...»

Nicht so voreilig, ihr Lieben. Sind nicht auch Söhne kleine Männer? Denen wird es nicht schaden, eines Tages beim Auszug von Zuhause ein solides Grundwissen über die Basisversorgung mitzunehmen in die weite Welt. Dann brauchen wir Mütter uns keine Sorgen zu machen, wie die Boys nur ohne uns zurechtkommen wollen. Und die Frauen, mit denen diese Söhne eines Tages vielleicht die Waschmaschine teilen wollen, die werden uns die Füße küssen vor Dankbarkeit, an welch leichten Pflegegang sie da geraten sind. Das ist Frauensolidarität, Schwestern! Also – wenn Söhne imstande sind, den Stromkreislauf zu erklären, sind sie soweit, auch der Schmutzwäsche nicht nur ins Auge zu blicken, sondern sie zu beseitigen.

Die anderen Einwenderinnen werden zagen und klagen: «Darauf läßt sich meiner garantiert nicht ein. Der winkt mir höchstens mit dem Schraubenschlüssel und sagt: Arbeitsteilung, Darling! Wenn du endlich die Sicherungen einschraubst, den verstopften Abfluß flottmachst und die Spülmaschine ohne Handwerkerrechnung wieder in Gang setzt, dann – ja dann können wir gern noch mal auf dieses Thema zurückkommen.»

Der Unterschied liegt klar auf der Hand: Handwerkerdienste fallen zwar immer wieder an, aber nicht Tag für Tag. Anders die Wäsche. Das ist eine Aufgabe im Haushalt, die sich Frauen nur aus Tradition auf die

Schultern gelegt haben. Vorbei, vergessen. Männer brauchen einfach dieses gute Gefühl, im Notfall sich selbst sauberhalten zu können. Sie werden es bald nicht mehr vermissen wollen. Ende der Debatte.

❧ ZEITFRESSER: Ordnung

Wenn ich in eine andere Familie komme, sehe ich sofort, ob eine Vollzeit-Mama dort regiert oder eine «von uns». Die Vollzeit-Mutter entschuldigt sich auf der Stelle, wie es hier bloß wieder aussehe. Dreckige Stiefel versperren den Eingang, durch den Flur fliegen zwei Luftpumpen und ein Fußball. Jacken, Ranzen und Regenzeug bilden ein unentwirrbares Knäuel auf der Treppe.

So etwas beruhigt mich ungemein. Denn inzwischen weiß ich, daß in allen Haushalten, in allen Familien das Thema Ordnung stets und ständig zu Auseinandersetzungen führt. Wenn ich mitbekomme, daß die meisten sich hier nach wie vor in einem Experimentierstadium befinden, bin ich beruhigt.

Als meine Freundin Charlotte nach dreijähriger Familienpause wieder in den Beruf einstieg, beging sie einen Fehler, der vielen Frauen vertraut klingt. Sie kam sich mies dabei vor, einfach wegzugehen, ihre Lieben im Stich zu lassen, um sich draußen in der Welt zu tummeln. Daher wollte sie der Familie den Eindruck vermitteln, daheim bliebe alles genau wie zuvor, als sie sich noch den ganzen Tag über um das perfekte Heim bemühte. So legte sie am Wochenende Putz-Sonderschichten ein, wischte, wusch und wedelte, was das Zeug hielt, um «es schön zu haben», wie sie es nannte.

Samstags kochte sie vor, um den Kindern in der nächsten Woche ungesunde Fertig- und Schnellgerichte zu ersparen, die sie aus ernährungsphysiologischen Gründen für komplett verwerflich hielt.

Es kam, wie es kommen mußte. Charlotte klappte nach drei Monaten zusammen. Komisch, meinte ihr Mann am Telefon, ich dachte noch: Super, wie sie das alles wuppt.

Jeder von uns lebt mit einem bestimmten inneren Bild seiner Umgebung. So wie er es schön und gemütlich findet. Es ist ein individueller Entwurf und somit selten mehrheitsfähig. Denn Kinder sind Chaoten, so lautet der erste Satz der häuslichen Ordnungslehre. Ich kenne kein Kind, das von sich aus und freiwillig in seinem Zimmer jene Art von Ordnung herstellt, die Erwachsene so lieben. Das Problem beginnt auch genau dort, wo meine Ordnungsvorstellung an die des anderen stößt. In den gemeinsam genutzten Zonen nämlich – Keller, Küche, Bad, Flur und so weiter.

Wenn ich nur an Knopfs Zimmer denke! An seinen Computer-Kabelsalat, die Zeitschriften, CDs, Schulhefte und abgelegte Kleidungsstücke, geknüllte Chipstüten. Zugegeben: Ich räume auf, einmal in der Woche, was ich nicht sollte. An den anderen Tagen bitte ich ihn gebetsmühlenhaft, gewisse Auswüchse zu beseitigen. Nach mehrmaliger Erinnerung wird es erledigt. So etwa sieht unser Kompromiß aus.

Nur weil wir irgendwann anfingen zu glauben, daß Familie nicht nach dem primitiven Schema Befehl und Gehorsam funktionieren sollte, müssen wir uns nun mit dem Problem herumschlagen, mit den Kindern gemeinsam zu überlegen, wie es daheim aussehen sollte. Sowohl der Ordnungsfanatiker als auch das schlampigste Familienmitglied sollten sich nicht unterdrückt fühlen. Besonders schwierig zu befolgen, je weniger Platz zur Verfügung steht.

In einer Familie, in der es niemanden gibt, der von morgens bis abends für alle anderen putzt, kocht, wäscht und aufräumt, gibt es zwei Grundsätze, die möglichst alle über sechs Jahre alten Crew-Mitglieder anerkennen sollten:

- Der Dreck, den ich mache, wird auch von mir selbst beseitigt.
- Es gibt keinen in der Familie, der gar nichts für die anderen tut.

Schon wieder höre ich das Hohnlachen meiner Leserinnen: Kinder, die selbst die Waschmaschine laden? Ihr Zimmer aufräumen, nachdem drei Halbwüchsige dort einen Nachmittag verbracht haben? Ihren Apfelbutzen nicht da fallen lassen, wo er abgezutzelt wurde?

Alles geschenkt. Natürlich klappt das nicht nahtlos von einem Tag auf den anderen. Aber das heißt eben nicht, daß die Arbeitsverteilung sich am herkömmlichen Muster orientiert. Daß alles beim alten bleibt und die Mutter seufzend erklärt: «Ehe wieder Streit tobt, mach ich es halt selbst.» Es gibt genügend Aufgaben im Haus, die klar definiert sind und täglich erledigt werden müssen. Davon jedem Familienmitglied eine zuzuordnen, dem Alter und dem Können entsprechend, ist keine Überforderung. Spülmaschine ausladen, Tisch decken (abends), Tisch abdecken, Müll heruntertragen. Bei uns gilt: Es darf getauscht werden, es darf gestritten werden. Aber wer seine Aufgabe schlampig erledigt, kann nicht damit rechnen, befreit zu werden.

Ich kenne genügend halberwachsene Kids, die sich locker und ungeniert von morgens bis abends bedienen lassen. In der Gewißheit, daß Mama ihnen abnimmt, was lästig ist. Einfach schon deshalb, weil sie es ja so viel besser kann als der Rest der Familie.

Kann sie natürlich auch. Aber sollte sie allen anderen die Chance nehmen, sich eines fernen Tages selbst versorgen zu können, mit allem was dazugehört: kochen, waschen, bügeln, eine Wohnung in Schuß halten? Das alles, Haushalt genannt, hat keinen besonders guten Ruf. Aber es ist unausweichlicher Alltag, und je eher man sich daran gewöhnt, desto routinierter geht es einem von der Hand.

⇘ ZEITFRESSER: **Eßgewohnheiten**

Eine der größten Herausforderungen für Eltern ist es heutzutage, ihre Kinder zu ernähren. Falls wir eine Vorstellung haben, was ein gesundes Kind am Tag zu sich nehmen sollte, lernen wir rasch, daß sich diese Vorstellung mit der Wirklichkeit so gut wie nie in Einklang bringen läßt. Meine Kinder hätten jahrelang von Spaghetti mit Tomatensauce und Fischstäbchen leben können. Ich aber nicht. Und schon sah ich mich dem heillosen Konflikt ausgesetzt, den Millionen von Müttern kennen.

Einseitige Ernährung ist ungesund, hemmt die Entwicklung und macht schlapp, flüsterte die Stimme der Vernunft. Die pragmatische Stimme hielt dagegen: Kinder wissen selbst am besten, was ihnen fehlt. Der Körper holt sich, was er braucht. Und solange sie nicht ernste Mangelerscheinungen zeigen oder Allergien bekommen, gib ihnen, was ihnen schmeckt, Ende.

Stimme der Vernunft: Aber so geht es doch nicht. Schließlich dreht es sich nicht nur um Ernährung, sondern auch noch um Erziehung. Sie sollten imstande sein, auch geringe Mengen von Gerichten zu essen, die ihnen nicht schmecken. Außerdem werden sie das später hier und da auch mal aus Anstand tun müssen, und es kann nicht schaden, das rechtzeitig zu üben.

Stimme der Pragmatik: Nur weil sie später mal diese und jene Manieren beherrschen müssen, soll ich mir hier jeden Tag mit Kochen Mühe geben, um mir dann von lustlos herumstochernden Gören anhören zu müssen: «Gemüsepizza – ist ja eklig, Mann!»

Ich habe einen Kompromiß zwischen Vernunft und Pragmatik gefunden. Zugegeben, er funktioniert nicht immer, aber inzwischen läuft es. Alltags, wenn sie hungrig aus der Schule kommen, gibt es ausschließlich Gerichte, die den Hunger rasch aus der Welt schaffen, allesamt wohlgelitten sind und problemlos gewärmt werden können: Spaghetti, Pizza, Fischstäbchen, Tomatensuppe, Quarkauflauf. Die Liste ist, wen wird das wundern, überschaubar klein; aber Abwechslung ist für dieses Alter ja ohnehin kein Kriterium.

An den Wochenenden, wenn ich selbst koche, darf es dann schon etwas anders zugehen. Da wird dann auch mal Mutters Fischauflauf probiert – nur eine Mini-Gabel voll, und dazu gibt es etwas weniger Umstrittenes als Sättigung, Kartoffelgratin etwa. Illusionen mache ich mir nicht: Weniges aus der Experimentierküche hat den Sprung in den Alltagsspeiseplan geschafft.

Andererseits konnte die heftige Ablehnung Neuem gegenüber hier und da tatsächlich aufgebrochen werden.

Außerdem habe ich eines Tages Knopf und Knöpfchen erklärt: Am Essen herumzumäkeln ist total fies. Im Restaurant könnt ihr gern etwas zurückschicken, was nicht in Ordnung ist; da seid ihr Gäste, die Geld dafür bezahlen und eine gewisse Leistung erwarten dürfen. Zu Hause stelle ich mich hin und koche für euch, und inzwischen bin ich schon froh, wenn ihr mal den Tisch deckt, ohne daß ich darum bitten muß. Aber sich dann hinsetzen und meckern, das ist schlechter Stil.

Wir kennen eine Familie, die die Mäkelei am Essen noch strenger sankioniert. Wenn es mal überhaupt nicht geschmeckt hat, dürfen die Kinder der Mutter höchstens sagen: «Das muß es nicht noch einmal geben.» Natürlich erst, wenn sie aufgegessen haben.

✲ ZEITFRESSER: Ehrgeiz

In den siebziger Jahren hielt eine pädagogische Idee aus den Vereinigten Staaten bei uns Einzug, die noch heute viele Anhänger hat. Es war die Idee vom Kind als einem Wesen voller versteckter Talente, die es nacheinander alle zu entfalten und zur Blüte zu bringen gilt. Wehe den Eltern, die eine dieser Begabungen nicht erkannten oder nicht früh genug förderten. Sie setzten sich schwersten Vorwürfen aus, weil sie das Glück ihrer Kinder auf alle Zeit zerstört hatten. Aus Gleichgültigkeit!

Tatsächlich ist es erstaunlich und faszinierend, wie leicht Kinder lernen und wieviel Vergnügen es ihnen bereitet, Fertigkeiten zu erwerben, die sie stolz und glücklich machen. Ein Programm wie «Nun geh mal schön raus zum Spielen» ist außerdem heute entweder unmöglich (Verkehr) oder wird ziemlich schnell langweilig, da die Möglichkeiten der durchschnittlichen Großstadt-Kindheit ziemlich trostlos sind.

Andererseits sehe ich diese verplanten kleinen Marionetten, die montags zum Klavier, dienstags zum Hokkey, mittwochs zum Tennis und donnerstags zum Flöten gehen.

Die Tatsache, daß unsere Kinder sich bereits mit fünf Jahren verabreden mußten, um mit einem Freund, einer Freundin aus dem Kindergarten einen Nachmittag zusammen zu verbringen, kam mir anfangs total pervers vor. Aber ich habe erkennen müssen, daß alle diese Ersatzbeschäftigungen weniger vom Ehrgeiz der Eltern zeugen, sondern von der schieren Not, Kinder halbwegs sicher beaufsichtigt und beschäftigt zu halten.

Für die meisten Eltern spielt es gewiß keine Rolle, ob Franz beim «Fröhlichen Landmann» stehenbleibt oder es bis zum Chopin-Walzer bringt. Wichtig ist, daß nachmittags ein Programmpunkt gesetzt wird.

Aber vielleicht bringt weniger doch mehr. Die Fülle des Angebots kann nämlich auch negative Folgen haben: Nicht nur Interesse wecken, sondern gerade die passive Haltung fördern – alles ist austauschbar, alles wird mal ausprobiert und nach kurzer Zeit, wenn es anfängt, mühsam zu werden, wieder fallengelassen. Kinder, denen ständig Angebote gemacht werden, sehen keine Veranlassung, selbst ihre Phantasie anzustrengen, um sich zu beschäftigen.

Immer wieder klagen Lehrer, mit welchen Erwartungshaltungen der Kinder sie zu kämpfen haben. Da wird der Unterricht gemessen an dem Action-Programm, durch das die minderjährigen Medienkonsumenten zappen. Indirekt hat auch das ausgefeilte Förderprogramm der Nachmittage zu dieser Erwartungshaltung beigetragen.

Sagen wir es so: Kinder sollen eine Chance bekommen, Begabungen zu entfalten. Ein Instrument spielen, das übt schließlich nicht nur die Musikalität, sondern etliche andere kognitive und intuitive Prozesse. Und ein Mannschaftssport schleift Verhaltensweisen ein, die viele Jahre später noch gefragt sind. Es ist, wieder einmal, eine Frage des Augenmaßes. Wichtig bleibt, daß Kinder Zeit für sich allein haben. Zum Lesen und zum Spielen, um mit Freunden zu spielen und herumzustromern (das Schönste überhaupt ...).

Immer wieder muß ausprobiert werden, welche Freunde jetzt schon allein besucht werden können, welche Wege mit dem Fahrrad unbedenklich sind und welcher Platz zum Bolzen in erreichbarer Nähe liegt ... Für berufstätige Mütter sind diese Testläufe eigentlich nur am Wochenende denkbar. Und wir müssen spüren, wann wir welche Selbständigkeit erwarten können. Eines Tages, Knopf war gerade sieben, sprach mich die Mutter eines Mitschülers an: Knopf war allein mit dem Fahrrad gesehen worden. Sie war empört! Wie ich das erlauben könnte? Nachdem ich ihn mehrfach begleitet und mit ihm gemeinsam unterwegs gewesen war, hatte ich einfach den Eindruck, er war vernünftig genug für diese Aufgabe. Daß andere Kinder nicht soweit waren, konnte nicht unser Maßstab sein.

Knöpfchen hatte eine Phase, in der sie plötzlich ihr

Programm radikal ausdünnte und alles ablegte bis auf den Unterricht mit dem Instrument. Es war ihr schlicht zuviel, und sie selbst hatte ein gutes Gefühl dafür, daß es keinen Spaß macht, eine halbe Woche warten zu müssen, bis es endlich klappt, mal mit Lea zu spielen.

Obgleich ich es schade fand, habe ich sie sofort abgemeldet – beim Steppen und beim Voltigieren. Und sie war glücklich, auch mal einen Nachmittag einfach nur die neuen Buntstifte auszuprobieren oder mit Julia und ihrer Mutter einen Kuchen zu backen. Zum Glück konnte sie nach anfänglichem Beistand diese Stunden bald selbst organisieren, so daß ich nicht ständig gefordert war, Absprachen zu treffen.

Das ausgefeilte, stets auf dem neuesten Stand der Moden angesiedelte Nachmittagsprogramm erfordert höchste mütterliche Aufmerksamkeit: informieren, auswählen, antesten, anmelden, Hin- und Rückfahrt organisieren, Bezahlung im Auge behalten, Elternabende nicht verpassen, Weihnachts- und sonstige Feiern mitmachen oder zumindest mit Kuchen oder Salat bereichern – nein, das können nur Fulltime-Mütter leisten. Für uns aber gilt: ein bis zwei Angebote auswählen und versuchen, die Wechsellaunen halbwegs im Griff zu behalten.

❧ ZEITFRESSER: Ferien

Ferien – ein Wort mit magischem Klang. Früher der Höhepunkt des Jahres. Heute sind Ferien mitunter mein Alptraum. Die der Kinder, nicht meine eigenen. Denn mein sorgfältig geplantes, gegen diese und jene Eventualität abgesichertes Alltagspuzzle bricht regelmäßig zusammen, wenn die schulfreien Wochen drohen. Welche Angestellte hat schon elf Wochen im Jahr Ferien, wie es für unsere Kinder offenbar unerläßlich ist, damit sie sich vom frühen Aufstehen, vom Aufpassen, von den Lehrern und überhaupt vom grauenhaften Schulstreß mal richtig erholen? Natürlich gönne ich es ihnen. Aber gleichzeitig ist es eine Zeit höchster Erwartung, ähnlich wie Kindergeburtstage. Und vor allem eine Herausforderung an das Organisationstalent.

Anfangs, als die Tagesmutter hier und da ein Päuschen einlegte, ließ es sich noch ganz leidlich an: Mit Hilfe von Babysittern, Tanten und Freundinnen konnte ich die eine oder andere Woche überbrücken, die ich selbst am Schreibtisch zu verbringen hatte. Knopf und Knöpfchen waren zufrieden, wenn sie einen Nachmittag auf einem unbekannten Spielplatz erlebten in der Begleitung von Menschen, die ihnen nicht ganz fremd waren.

Als sie dann aber Schulkinder wurden, machten sie mir unmißverständlich klar, daß in den Ferien auch etwas passieren mußte. Das war die Zeit, als ich endlose Telefonate mit Pfadfinder-Gruppenleitern, Skischulen und Ponyhöfen führte. Die meisten dieser Einrichtungen schienen die Not berufstätiger Eltern ziemlich genau zu kennen und ließen sich ihre Dienste reichlich teuer bezahlen. So blieb mir nichts anderes übrig, als mich auf das bewährte Freundinnen- und Nachbarsnetz zu verlassen und sauber einen Tag nach dem anderen durchzuorganisieren. Zugegeben, wenn die Schule wieder anfängt, fühle ich eine gewisse Dankbarkeit. Davon aber kein Wort den Kindern gegenüber.

Ein Patentrezept, wie wir das Problem der Ferien für uns etwas nervenschonender in den Griff bekommen könnten, ist mir bislang nicht eingefallen. In einigen Ländern gibt es wenigstens für einen Teil der schulfreien Zeit Halbtagsprogramme für daheimgebliebene Kinder. In Großstädten bieten die Jugendämter einen Ferienpaß, der bestimmte Attraktionen zu ermäßigten Eintrittspreisen ermöglicht; Schwimmbäder, Planetarien, Tennisschulen, Computerlehrgänge. Aber wie dorthin kommen, quer durch die Stadt mit öffentlichen Verkehrsmitteln? Dann heißt es andere Kinder suchen, die mitmachen wollen, und die Begleitung organisieren. Es ist ein Kreuz, immer wieder.

Wenn ich mir gar keinen Rat mehr wußte, habe ich Knopf oder Knöpfchen auch schon mit in die Redaktion genommen. Sie spielten mit der alten Schreibmaschine, führten von der Fensterbank aus Verkehrszählungen durch und schlossen Freundschaft mit Kollegen. Pädagogisch gesehen durchaus erwünscht, dem Nachwuchs vorzuführen, wie wir so unser Geld verdienen. Insgeheim allerdings fürchtete ich dabei häufig, daß sie sich meinen Job ziemlich bequem ausmalen konnten, denn meist war ich an diesen Tagen nur mit Aufräum- und Routinearbeiten beschäftigt. Das volle Power-Programm haben sie auf diese Weise nicht kennengelernt.

Glücklich übrigens, wer eine Großfamilie im Hintergrund hat. Erfahrungsgemäß sind ja jene wunderbaren Mütter, die drei und mehr Kinder haben, als erste bereit, ein weiteres aufzunehmen. Als geübte Pragmatikerinnen lassen sie sich nicht so schnell durch eine weitere Stimme im Chor der Quiekenden aus der Ruhe bringen.

Und es fördert den Zusammenhalt ungemein, wenn sich Vettern und Cousinen nicht nur auf Festen treffen, sondern gemeinsame Ferienerinnerungen teilen, die ein festes Band für später bilden.

❧ ZEITFRESSER: **Haustiere**

«O Mama, guck mal, wie süüüß!» Wie ich diesen Schlachtruf fürchte. Er ist der Auftakt tagelanger Diskussionen. Es geht um Tiere, um unwiderstehliche, total gut erzogene, vollkommen problemlose, immer gesunde Hausgenossen, die den Kindern Wellen von zärtlicher Hinwendung entlocken. Wüstenrennmäuse, Hamster, Kätzchen, Meerschweinchen, Kanarienvögel, bis hin zum Hund mit einem Stockmaß von 1,40 Metern.

Die Tierliebe meiner Kinder rührt mich – und lockt gleichzeitig meine eisenharten Abwehrmaßnahmen hervor. In allen Familien, die ich kenne, bleibt die Alltagsarbeit mit Hund, Katze oder Hamster an jener Person hängen, die sich immer erweichen läßt, wenn niemand anders Zeit und Lust hat, sich um das arme Tier zu kümmern. An Mama.

Gäbe es nicht das Heer der herzensguten Mütter, den Tieren in diesem Land ginge es schlecht, das steht fest. Sie würden höchstens einmal pro Woche ausgeführt, bekämen ihr Fressen sporadisch mal morgens, mal abends, mal gar nicht, und ihre Käfige, Nester und Aquarien wären eine trostlose Ansammlung von Kot, Müll und Kadaver.

Wieviel Schwüre sind gesprochen, wie viele Versprechen sind aufgeboten worden, nur um zögernde Eltern davon zu überzeugen, daß ein Tier her muß, und zwar dieses und zwar gleich. Alles leere Worte, nachdem die erste Begeisterung verflogen war und der harte Alltag sein Recht forderte. Ein stiller Kampf setzt ein, Vorwürfe werden laut, maulige Kinder schleichen herum.

Sicher, Verantwortung für ein Tier zu übernehmen, ist eine pädagogisch hocherwünschte Aufgabe; nur allzu oft scheitern die besten Absichten am Dauerwiderstand der Kinder, und schließlich geben die meisten Mütter entnervt auf und übernehmen es halt selbst, Caro auszuführen, Mickys Stall auszumisten und Jackos Käfig herzurichten. Keiner Mutter, keinem Vater gelingt es, diese Aufgaben an die Besitzer der Haustiere zu delegieren.

Auch mir würde das vermutlich nicht gelingen. Und deshalb lasse ich mich nach dem Ableben zweier Meerschweinchen auf weitere Experimente in dieser Angelegenheit nicht ein. «Wenn ihr groß seid», sage ich, «dann kauft ihr euch so einen süßen Labrador. Und ich komme dann, um ihn mal auszuführen. So etwa zweimal im Jahr.»

❧ ZEITFRESSER: Foto & Video

Möglichst lückenlos wollen alle Eltern die Entwicklungsstufen ihrer phänomenalen Kronenkinder festhalten. Weil die Zeit bekanntlich ja so schnell vergeht? Weil Kindheit so flüchtig verläuft? Weil sie sich noch Jahre später am Charme der zahnlosen Babys wärmen möchten?

Am Anfang steht jedenfalls der Vater, der mit zitternder Hand im Kreißsaal die entscheidenden Minuten der Geburt auf dem Videorecorder festhält (anstatt, verdammt noch mal, seiner Frau das Kreuzbein zu massieren), und was folgt, ist eine Celluloid- und Papierlawine. Ist sie eigentlich schon einmal statistisch erfaßt worden? Keine Ahnung. Meine Schätzung geht dahin, daß ein deutsches Durchschnittskind bis zu seinem 18. Lebensjahr etwa auf 30 Videokassetten und 146 Filmen festgehalten wird.

Leicht vergessen wird dabei, daß es sich bei diesem visuellen Memory um einen gigantischen Zeitfresser handelt.

Nur mal überschlagen: Filme einkaufen, abknipsen, zum Entwickeln wegbringen, Vergrößerungen aussuchen, Nachbestellungen wegbringen, wieder abholen. Und dann, das Schlimmste: sortieren, auswählen, einkleben, beschriften. Es gibt Familienmütter, die in dieses Hobby Stunden um Stunden investieren. Das Ergebnis sind makellose Folianten mit graphisch gestalteten Bilderfolgen, bei Bedarf auch noch angereichert mit kleinen Souvenirs – Locken, erste selbstgemalte Bilder, die Sitzordnung am ersten Schultag etc. ... Natürlich wird für jedes Kind ein eigener Band angelegt.

Darüber hinaus versorgen sie mehrmals jährlich Großeltern, Tanten und Paten mit Bilder-Nachschub. Versteht sich von selbst, daß in den Rähmchen auf dem Bücherregal, an der Pinnwand, in der Küche für alle Besucher sichtbar ebenfalls Beispiele aus der jüngsten Serie darauf warten, bemerkt zu werden.

Selbstverständlich vergessen sie niemals, den Ausflug mit dem Kindergarten festzuhalten oder beim Sommerfest der zweiten Klasse die Videokamera mitzubringen. Zur Hochform laufen diese Bilder-Mamas in der

Weihnachtszeit auf. Dann werden Kalender mit Fotos aus dem ganzen Jahr bestückt und Dutzende von Foto-Grußkarten geklebt.

Neidisch?

Tief durchatmen. Das Glück der Kinder hängt nicht wirklich an dieser Art von Existenznachweis. Was wirklich wichtig gewesen ist, halten die Bilder außerdem selten fest; Trauer, Kummer, Krankheiten kommen nicht vor in der bunten Bilderwelt, und auch der tränenreich beklagte Verlust der ersten Zahnspange paßt nicht in das Szenario.

Mitunter gar kommt mir vor, als ob diese exzessiven Bildersammlungen auch eine Art Demo-Objekt sind: Wer so sorgfältig die Entwicklungsstadien seiner Kinder miterlebt und festhält, der nimmt sie ernst und macht alles richtig.

Es geht auch anders. Natürlich macht es den Kindern selbst einen Riesenspaß, zu sehen, wie sie größer geworden sind und wie sie mit dem Bobbycar durch die Wohnung geflitzt sind, wie sie nach der ersten Löffelmahlzeit ausgesehen haben und welche Geschenke es zum zweiten Geburtstag gab. Das sollen sie haben, aber dafür tut es auch ein überschaubares Bildarchiv. Zwei Filme pro Jahr können die Vorlieben, das Wachstum und die Großereignisse ebensogut festhalten wie zehn Filme ... Und zur Not reicht es völlig aus, die Abzüge in beklebten Kartons zu sammeln. Hauptsache, sie fliegen nicht lose irgendwo herum; das ist ihr Ende.

Wenn es unbedingt ein Album sein soll, hat sich in unserer Familie die sogenannte Ferienlösung bewährt: In den Sommerferien reisen die Fotos der letzten zwölf

Monate mit und werden ruckzuck an zwei Abenden entspannt bei einem Glas Wein eingeklebt. Ein Jahr, zwei bis drei Filme, das ist in etwa der für uns vertretbare Aufwand. Als nebenberufliche Archivare jedenfalls sollten sich Eltern nicht verstehen.

Und hier noch eine Alternative zum Fotoalbum: erzählte Erinnerung. So etwas ist immer wieder eine Erheiterung bei gemeinsamen Mahlzeiten, bietet sich aber auch auf längeren Autofahrten an. Knopf hört immer wieder die komische Geschichte gern, wie er in der zweiten Klasse die Lehrerin gefoppt hat. Und Knöpfchen rieselt ein Schauer den Rücken hinunter, wenn wir ihr schildern, wie der böse Erpel sie im Park in die Hand gebissen hat, als sie ihm gerade ein Stück Brot hinhielt.

❧ ZEITFRESSER: Familie

Selbstverständlich ist es nicht wirklich nett, Schwiegereltern als Zeitfresser zu bezeichnen. Es geht auch nicht darum, Menschen abzuwerten oder den Umgang mit ihnen als überflüssig und lästig zu beschreiben.

Meine Beobachtung von allerlei Familienverhältnissen hat mich drei Dinge gelehrt: Der Umgang der verschiedenen Generationen ist von gewissen Erwartungen geprägt. Manche Schwiegereltern etwa finden es die natürlichste Sache der Welt, daß der Sohn/die Tochter nebst Lebenspartner und Kindern jeden Sonntag um 16.00 Uhr zur Kaffeestunde klingelt. Eine Welt bricht zusammen, wenn dieses Ritual nicht eingehalten wird.

Zweitens: Schwiegereltern führen gern eine gewisse Lebenserfahrung ins Feld, wenn es um die Alltagsbewältigung geht. Sie meinen es so wahnsinnig gut mit uns und lassen keine Ruhe, bis wir ihre Ratschläge auch befolgen.

Drittens: Schwiegereltern sind leicht zu kränken, wenn wir ihre Bedürfnisse, auch die nicht ausgesprochenen, böswillig oder gedankenlos ignorieren. Sie halten es zum Beispiel für Methode, wenn wir immer seltener nach ihrem Befinden fragen; was meist daher rührt, daß die Antworten ermüdend gleichförmig sind.

Die wenigsten Verwandten, nicht nur Schwiegereltern, machen sich einen Begriff von dem Hindernislauf, den Berufsmütter so in ihrem Alltag hinter sich bringen. Insgeheim neigen sie überhaupt zu der bereits oben skizzierten Vermutung, Frauen mit kleinen Kindern könnten nur einen einzigen Grund haben, um zu arbeiten: Egoismus, allenfalls noch Geldgier. Daher fällt es ihnen schwer zu verstehen, daß bestimmte Formen des Umgangs miteinander für uns einfach unrealistisch sind.

Das beste ist, jeglichen Pflichtcharakter erst einmal aus der Beziehung auszublenden. Fangen Sie nicht an, sich Ausreden zu überlegen, warum der Besuch diesmal leider ausfallen muß. Klare Ich-Botschaften sind das einzige, was diesen verhängnisvollen Kreislauf zwischen Erwartung, Mißmut und Enttäuschung auf beiden Seiten durchbrechen kann. Also nicht: «Du, diesmal geht es einfach nicht. Tom hat wieder solch einen Husten.» Sondern: «Sei mir nicht böse. Ich schaff es nicht. Es war eine vollgepackte Woche für mich, und die nächste wird nicht besser. Ich brauche das Wochenende einfach für all das, was hier zu Hause liegengeblieben ist.»

Es ist auch nicht verkehrt, die Zuständigkeit für Verwandte dem Teil zu überlassen, der sie mit in die Partnerschaft gebracht hat. Wer hat gesagt, daß sich die Eltern nur freuen, wenn alle kommen? Gerade schwerhörige Großeltern haben mehr vom Besuch, wenn nicht so viele Stimmen durcheinanderfliegen.

Schatz, nimm die Kinder und fahr hin! Wenn ihr wiederkommt, habe ich einen schönen Mittagsschlaf gemacht. Und tschüs!

Ähnliches gilt für den Überfall per Telefon. Merkwürdig, daß so viele Familienkontroll-Anrufe gerade abends um 19 einlaufen, wenn Kinder wie Eltern gerade den Höhepunkt schlechter Laune, Quengelei und Erschöpfung erreicht haben. Dann heißt es freundlich, aber deutlich flöten: «Ich rufe später gern zurück ...»

ZEITFRESSER: **Weihnachten**

Alle Jahre wieder stellt diese Zeit zwischen Mitte November und Ende Dezember für uns berufstätigen Mütter eine schwere Prüfung dar. Wir sind umgeben von aufopferungsfreudigen Frauen, die nichts Schöneres kennen, als diese Zeit in die Herzen ihrer Lieben zu brennen. Für Mütter, denke ich mitunter, ist Weihnachten eine Art Olympia der Nächstenliebe. Backen, schenken und besuchen, schmücken, singen, basteln sind die wichtigsten der Disziplinen. Wer in allem Höchstleistungen zeigt, sieht am 24. Dezember vor Glück Sterne.

Marie gehört zu den großen Weihnachtsengeln. Ich versuche, ihr in diesen Wochen nicht über den Weg zu laufen. Weil ich weiß, daß mich Maries Arbeitspensum im Advent in tiefe Melancholie stürzen würde. Meist kann ich es mir nicht verkneifen, doch mal vorbeizuschauen. Es ist stärker als ich.

Allein die bis in den letzten Winkel adventlich dekorierte Wohnung! Töpfe mit goldbesprühtem Ilex, Kränze vor den Fenstern und Kerzenarrangements auf dem Eßtisch. Ich bin froh, wenn ich am Abend vor dem ersten Sonntag im Dezember eben schnell den Adventskranz aufgehängt und die Kinder herangepfiffen habe, um ihn zu schmücken.

Marie sitzt bereits im November mit ihren beiden im Schein der Lampe und bastelt Weihnachtsgeschenke. Streichholzschachteln, Buchhüllen, Serviettenringe – es herrscht eine konzentrierte Arbeitsatmosphäre, Daniel und Lena sind ohne Murren bei der Sache. Hinterher gibt es die ersten Plätzchen vom Blech, natürlich nur die zu braun geratenen, die anderen wandern in die Blechbüchse und werden frühestens am 1. Advent zum Naschen freigegeben.

Aber nicht genug damit, daß Marie offenbar auch die kleinsten Herausforderungen rechtzeitig meistert. Das Vorspiel bei der Klavierlehrerin, die Weihnachtsfeier im Turnverein, das Backen in der Schule – nichts wird verpaßt, und selbstverständlich reicht auch abends noch die Zeit zum Singen der Weihnachtslieder und zum Vorlesen von «Marias kleiner Esel». Wenn Daniel und Lena später als Erwachsene einmal an ihr Kinder-Weihnachten zurückdenken, wird ihre Erinnerung ihnen einen einzigen duftenden Adventskalender der Vorfreude herbeiholen.

Knopf und Knöpfchen hingegen, fürchte ich, werden damit nicht so gut ausgestattet sein. Denn gerade in den vier Wochen vor dem 24. Dezember scheint sich alles gegen arbeitende Mütter zu verschwören. Haben wir schon immer den Eindruck, uns auf der Stelle zerreißen zu müssen, so nimmt das Tempo der Anforderungen gegen Jahresende auf geheimnisvolle Weise zu. Schon recht, damit stehen wir ja nicht allein – ringsum ein einziges Stöhnen und Lamentieren über das jahresendzeitliche Stimmungsprogramm.

Es hat lange gebraucht, bis ich gemerkt habe, daß Weihnachten ein Zeitfresser ist. Das einzige Rezept dagegen: das Fest abspecken. Vor allem den Geschenke-Marathon auf Kurzstrecke trimmen. Nicht mehr alles mitmachen wollen, und auch den Kindern erklären, daß es einfach keinen Spaß macht, von einer Besinnlichkeit zur nächsten zu hetzen.

Wir finden es schon super, wenn wir einmal zusammen backen, damit wir gekaufte Plätzchen mit den Eigenprodukten mischen können. Der gute Duft der «echten» steckt die Industrieplätzchen an, bestimmt. Wir verzichten darauf, in den Tagen um Weihnachten herum die gesamte Familie aufzusuchen. Entschlossen schwänzen wir drei von vier Weihnachtsfeiern. Wunderbar, sich auf diese Weise den einen oder anderen freien Nachmittag zu erschleichen. Achtung, es könnte sich eine gewisse Besinnlichkeit einstellen.

Zehn segensreiche Zeitspender:
zum Angewöhnen

Freundinnen, Erziehung, Listen, Kataloge,
Adressen sammeln, Computer, Bewegung,
Abwehrkräfte, Haarschnitt, Arbeitsklima

Nicht alle Hilfskonstruktionen, die in diesem Kapitel
beschrieben werden, sind Aha-Rezepte mit sofortiger
Erfolgsgarantie, deren Effekt sich in Stunden und Minuten nachweisen läßt. Für die Zeitspender gilt ähnliches
wie für die Zeitfresser: Es sind individuelle Gewohnheiten und Alltags-Strategien, die mir geholfen haben.
Schlanke Strukturen, rationales Management sind Vo-
kabeln, die wir aus dem Wirtschaftsteil der Zeitung
kennen – aber im Prinzip sind sie auch im häuslichen
Umfeld brauchbar. Also: die Phantasie angekurbelt, ob
nicht hier und da eingefahrene Routine umgebaut werden kann, damit aus Zeitfressern Zeitspender werden.

⚓ ZEITSPENDER: Freundinnen
Freundschaften pflegen? Dafür haben wir nun wirklich
keine Zeit. Schwatzen, bummeln, ausgehen, dieses Un-
terfutter für Gemeinsamkeit, das ist einfach nicht drin.
Da heißt es, den alten Bindungen vertrauen und hoffen,
daß sie halten. Es gab Tage in meinem Mikrokosmos, da
hätte ich ohne Stephanie, Cornelia, Dagi und Carmen
aufgegeben. Ich habe nicht den leisesten Schimmer,
wieso gerade ich das Glück habe, auf ein Netzwerk zu-
rückgreifen zu können, das mich oft vor dem Absturz

ins Chaos gerettet hat. Diese Nachbarinnen und Freundinnen kann ich auch morgens um sieben Uhr anrufen und mit den unglaublichsten Fragen nerven: «Kann Knopf heute nach der Schule bei dir essen? Er bleibt dann bis drei, dann hat er Gitarrenstunde.» Oder: «Hast du heute nachmittag eine halbe Stunde Zeit, um mit Knöpfchen zur Kieferorthopädin zu gehen? Da soll ein Abdruck gemacht werden, und sie hat solche Angst davor. Ich kann nicht, weil ich heute Umbruch machen muß.»

Es braucht eine Weile, bis wir unseren Stolz über Bord werfen und uns trauen, Freundinnen um solche Hilfsleistungen zu bitten. Aber wenn das Au-pair-Mädchen mit Fieber im Bett liegt und so schnell auch niemand vom Oma-Hilfsdienst zur Verfügung steht, dann ist das private Netz die letzte Rettung.

Manche jobbenden Mütter kommen sich schäbig dabei vor – sie fürchten, genau jene Vorurteile ein weiteres Mal zu bestätigen, von denen schon die Rede war. Ist es schließlich nicht ihr Problem, unbedingt fulltime arbeiten zu wollen? Wie anmaßend, dann im Notfall auf Frauen zurückzugreifen, die sich dazu entschlossen haben, ein paar Jahre lang daheim zu bleiben und ihre Kinder großzuziehen. Weil unser ausgeklügeltes Betreuungssystem mal wieder leise ächzend zusammenbricht, werden sie als Lückenbüßerin eingestellt?

Ja, so hätte das von außen aussehen können. Ich habe mein ungutes Gefühl, so oft es ging, zur Sprache gebracht – und ich bin stets auf mehr Solidarität gestoßen, als zu erwarten war.

Was der Rivalität zwischen den «Nur-Müttern» und den «Halb-Müttern» keinen Abbruch tut. Wenn ich morgens mit fliegenden Händen erst die Schulbrote und dann einen Hauch von Make-up auf meine fahlen, unausgeschlafenen Gesichtszüge schmiere, stelle ich mir oft vor, wie gemütlich es doch sein könnte, jetzt einfach die Haustür hinter Knopf und Knöpfchen zu schließen und sich im Bademantel an den unabgeräumten Frühstückstisch zu setzen, einen Tee und die Zeitung vor sich und erst einmal den Tag und sein Programm zur Seite zu schieben …

Und Dagi, Stephanie und Carmen lieben diese kleinen, gestohlenen Momente allein, das haben sie mir gestanden. Wir haben mal überlegt, ob auch sie mich beneiden um Erlebnisse, die mein Alltag bereithält. Aber hallo! Schnell haben wir ein paar Punkte zusammen, die mir gar nicht als besondere Verwöhnung auffallen: ein Lunch mit diesem unglaublich gutaussehenden Schauspieler, meint Alice, das wär's doch mal. Oder so ein kleiner Business-Trip nach Berlin, und am Nachmittag noch ein Stündchen Zeit für die Nationalgalerie – hach! Und hatte ich nicht neulich erst eine Einladung zu dieser Zelt-Schau mit Giorgio Armani? Boah! Sofort würde ich ihnen ein solches Highlight überlassen.

Statt dessen bin viel zu häufig ich die nehmende Hälfte dieser Kooperation. Ich will nicht immer hinterher mit Blumen vor der Tür stehen oder ein Buch mitbringen. Viel lieber möchte ich mal einspringen, wenn *sie* in der Klemme stecken und ihre Kinder parken müssen.

Das geht freilich erst, seit ich mich nach all den verschiedenen Stadien mit Tagesmutter, Ganztagskindergarten und Schulhort dazu entschlossen habe, eine Betreuerin für Knopf und Knöpfchen zu suchen, die die Kinder mittags erwartet und mit ihnen die zweite Tageshälfte bis in den Abend hinein durchzieht. Und tatsächlich, manchmal klappt das. Dann bebt das Haus mit vier, fünf Kindern, und meine Freundinnen sind froh, diesmal ohne die beiden Wadenzwicker beim Zahnarzt zu erscheinen und sich vielleicht den Luxus zu gönnen, hinterher noch durch ein, zwei Geschäfte zu streifen.

Und noch eine bessere Idee: Ich schenke meiner Freundin ein Wochenende allein mit ihrem Mann (etwas, das ich seit Jahren vermisse) und lade ihre beiden Kinder für anderthalb Tage zu uns ein. Knopf und Knöpfchen waren beim erstenmal mäßig begeistert, fanden schließlich aber das Großfamiliengefühl doch interessant.

Am Sonntagabend erscheint Stephanie und sieht glatt und zufrieden aus. So zufrieden, daß ich denke: Das müßten wir uns auch mal einrichten …

⚘ ZEITSPENDER: Erziehung

Neulich war Tobias bei uns zu Besuch, und da er uns eine Weile lang nicht beehrt hatte, waren mir seine besonderen Seiten entfallen. Ein zehnjähriger Knabe, süß anzuschauen mit Blondschopf und Stupsnase. Leider hat seine Mutter irgendwann beschlossen, Tobias in vollkommener Autonomie groß werden zu lassen. Was das bedeutet, bekommt heute jeder mit, der mit diesem Jungen zehn Minuten verbringt.

Tobias ist ein freies Kind. Frei von jeglichen Manieren nämlich. Er kennt es nicht, daß man sich in einer Familie gemeinsam an den Tisch setzt und eine Mahlzeit einnimmt. Er braucht etwas zu essen, wenn er Hunger hat. Dann allerdings ein bißchen plötzlich. Bei Tisch zieht er es vor, halb über dem Teller zu liegen und den Weg der Gabel zum Mund möglichst kurz zu halten. Anderen teilt er durch Schmatzen mit, daß es ihm schmeckt. Auch ist er imstande, simultan zu kauen und zu sprechen. Gibt es Suppe, kann er zusätzlich noch die Nase hochziehen.

Ja, Tobias ist ein Kind zum Staunen. Aber das überlasse ich lieber anderen. Knopf und Knöpfchen, beileibe auch nicht immer Musterkinder bei Tisch und anderswo, vergessen glatt weiterzuessen, wenn Tobias uns besucht. Es fasziniert sie, daß man auch auf diese Weise sein Essen fassen kann – und ich nicht einmal schimpfe. (Soweit kommt es noch, daß ich dem Knaben Manieren beibringe.)

Man kann gewiß über den Stellenwert von Tisch- und sonstigen Manieren geteilter Meinung sein. Sekundärtugenden, schwarze Pädagogik etc. pp – eine wohlbekannte Diskussion, wir wollen sie nicht wieder aufwärmen.

Wenn ich bewußt das Thema hier unter «Zeitspendern» einsortiere, so hat das den folgenden Grund. Zum einen ist das Erziehen von Kindern erst einmal eine ziemlich zeitaufwendige Sache, die nicht mit einem Vierwochen-Crash-Kurs abzuhaken ist. Dummerweise ist sie aber auch nicht nachzuholen, wenn aus den süßen Dreijährigen unerträgliche Super-Egoisten von acht oder neun Jahren geworden sind. Die sind dann – siehe

Tobias – anderswo nicht mehr so gern gesehen. Keine Mutter nämlich läßt sich ihr pädagogisches Lebenswerk gern durch kleine Anarchos unterminieren.

Weil aber die Freundinnen in meinem Mikrokosmos – siehe oben – eine zentrale Rolle spielen und ich überhaupt der Ansicht bin, daß Kinder ein Recht darauf haben, von ihren Eltern erzogen zu werden, habe ich mich nach Kräften bemüht, ihnen die Regeln des menschlichen Zusammenlebens rechtzeitig nahezubringen. Aus einem ganz egoistischen Grund: damit sie auch anderswo willkommen sind.

Ich habe keine Äffchen herangedrillt. Keine braven Jasager. Es kommt noch heute vor, daß ich den Knopf, der mich überragt, mit gepreßter Stimme daran erinnern muß, bei der Begrüßung den Menschen anzugucken, dem er gerade die Hand gibt. Und Knöpfchen findet es nach wie vor irre schwer, bei Tisch nicht in der Nase zu bohren. Mit anderen Worten: Wir nähern uns dem Ziel in kleinen Schritten. Immerhin haben wir es doch schon so weit gebracht, daß wir die Kinder in fremden Familien abgeben können, ohne eine nachhaltige Rufschädigung befürchten zu müssen, weil ich weiß, daß sie da schon klarkommen werden mit dem Fundus an Benimm und Rücksicht, der ihnen mit auf den Weg gegeben worden ist.

Und diese Gewißheit betrachte ich durchaus als zeit- und nervenschonend. Schon richtig, die Benimmschule ist auf den ersten Blick kein klassischer Zeitspender, aber die hier investierte Geduld wirft letztlich eine feine Zeitrendite ab. Garantiert!

Früher hätte ich mich totgelacht, wenn mir jemand prophezeit hätte, ich würde eines Tages zur Buchhalterin meiner Aufgaben. Aber das war eben in jener Steinzeit meiner Biographie, als alles, was ich zu tun hatte, von einem lässigen Ungefähr bestimmt war.

Seufz. Wehe, ich stelle heutzutage abends fest, daß weder Milch im Kühlschrank noch das Geschenk für den Kindergeburtstag bei Lilly am nächsten Tag, noch der unentbehrliche Reißverschluß besorgt ist, der Knöpfchens Lieblingshose wieder einsatzbereit macht.

Wer kennt es nicht: Ausgerechnet an dem Tag, an dem die wichtige Konferenz angesetzt ist, beschließen die Lehrer der Grundschule, einen Tag der Fortbildung zu widmen. Wohin mit Knöpfchen?

Ganz zu schweigen von größerem Unheil. Ich habe mir nicht vorstellen können, daß ein gebrochener Arm zum Beispiel das Familienleben komplett durcheinanderwirbelt; da kann sich der Elfjährige plötzlich nicht mehr allein anziehen und muß zur Schule, zum Arzt, zum Freund gefahren werden, weil es mit dem Fahrrad für die nächsten fünf Wochen nichts ist.

Es mag ja Gedächtnisakrobatinnen geben, die für jeden Tag der Woche die wichtigsten Einkäufe, Termine und Anrufe stets abrufbereit herunterbeten können. Ich gehöre nicht dazu. Ohne Listen bin ich ein Nichts.

Auch für die Listen gilt: je einfacher, desto besser funktionieren sie. Die komplizierten Vorlagen der Terminkalender-Einlagen sind nichts für mich. Meist setze ich mich am Sonntagabend, halbwegs entspannt nach dem Wochenende, in meinen Lieblingssessel und tippe für Mo-Di-Mi etc., also die nächsten sieben Tage, alles in das eigene Laptop-Formular, was mir gerade einfällt. Montag: Elternabend 6d, Reinigung, Schuhe abholen, Geigenlehrerin.

Jeder Tag bekommt zwei Felder: die heißen «Muß» und «Kann». Manchmal unterscheide ich zwischen Job und Familie, meist wächst das eine ins andere hinein, was auch nicht weiter schlimm, sondern ein ziemlich genaues Abbild der Wirklichkeit ist. Ich telefoniere auch zu Hause oft in beruflichen Angelegenheiten, ich nehme oft genug den Laptop mit. Andererseits regele ich auch vom Schreibtisch aus, wer Knöpfchen nach dem Termin abholen kann.

Im Büro liegt die Liste direkt neben meinem Telefon, und mehrfach am Tag muß ich nachsehen: Was war da doch noch, das ich nicht vergessen darf? Was erledigt ist, wird durchgestrichen. Sehr angenehm, kann auf der Stelle aus dem Gedächtnisspeicher gelöscht werden. Die Spalte «Kann» bleibt meistens unerledigt, aus naheliegenden Gründen: Nicht geschafft. Manchmal wird dann nach einigen Tagen ein «Kann» zum «Muß». Muß aber nicht. Jedenfalls habe ich nach etwa drei Jahren den Eindruck, daß ich mir mit diesem System den Kopf freihalte und nicht ständig grübeln muß, was ich alles um Himmels willen nicht vergessen darf. Daß trotzdem hier und da mal etwas durchrutscht – na klar, das passiert. Aber deutlich seltener als früher.

Wichtig: Die Liste muß ständig mitkommen. Was nützt die klügste Planung, wenn sie nicht ständig aktualisiert wird? Was nützt ein Memo, das zu Hause liegt, während im Büro drei, vier neue Aufgaben hinzuzufügen sind? Der beste Platz für die Liste ist demnach Rucksack oder Handtasche; und manchmal, in besonders turbulenten Tagen, lege ich sie mir abends neben das Bett. Wenn ich nachts aufwache oder mir im Halbschlaf noch dies und jenes Vorhaben durch den Kopf fliegt, wird es gleich festgehalten.

❧ ZEITSPENDER: Kataloge

Zu den unvorhergesehenen Katastrophen, die das Leben mit Kindern so unverwechselbar machen, zählt eine Tatsache, die man sich als kinderloser Mensch nie so dramatisch ausgemalt hatte: Kinder wachsen, und zwar immerzu. Sie tun das wahrscheinlich nicht aus Heimtücke oder um uns in ständig neue Geldkalamitäten zu stürzen. Nein: Sie selbst tun es offenbar, weil es ihnen ein Vergnügen ist. Zuerst sind sie stolz darauf, sich an der Tischkante hochzuziehen, um zu entdecken, was sich da alles herunterziehen läßt. Später tun sie es, weil wir ihnen versprochen haben, daß sie, wenn sie «ein bißchen größer sind», ganz bestimmt den Kindergarten besuchen dürfen. Im Alter von elf Jahren tun sie es, um an der Kinokasse unerkannt in «Knockin' on heaven's door» zu kommen, und mit 13 tun sie es, um sich auf die Abschlußparty der Schule zu schmuggeln, die eigentlich erst für Fünfzehnjährige gedacht ist.

Wie auch immer, wir haben uns damit abzufinden, daß diese Begleiterscheinung der Kindheit uns in ständig neue Verlegenheit stürzt. Denn alles, was eben noch paßte, ist in Null Komma nichts zu klein. Die Hose sieht aus wie ein Requisit von Charlie Chaplin, der Schlafanzug droht Knopf im Schlaf zu strangulieren, die Socken schimmern verdächtig an der Ferse, und aus den Schuhen wird ein Folterinstrument zur Zehenkrümmung.

Was tun? Das anfängliche Vergnügen, der mütterliche Stolz, der mich im Kaufhaus nach Hosen in Größe 92 (nur die mit Druckknöpfen im Schritt!) suchen ließ, nutzte sich leider schnell ab, und ich kenne wenige Mütter, die behaupten, der Einkauf von Unterhosen und Leggings mache ihnen immer wieder Freude.

Außerdem kamen meine beiden rasch in das Alter, wo sie über mitgebrachte Neuheiten mitnichten in Jubel ausbrachen, sondern mit spitzen Fingern das eine und andere aus der Tüte zogen, um mir mit düsterer Miene zu erklären, das zögen sie nur an, wenn sie damit keinen Schritt auf die Straße tun müßten. Da hat man nun im ICE-Tempo das Kaufhaus durchpflügt und noch fünf Minuten vor Ladenschluß eine Kassiererin aufgetan, die mit mürrischem Gesicht zwei Hosen und ein Polohemd eintippt, um sich zu Hause anhören zu müssen, die Farbe sei aber auch so etwas von out!

Irgendwann hörte ich von einer Kollegin, die wohl ähnliche Erfahrungen zum Anlaß genommen hatte, sich auf ein Experiment einzulassen. Und seither bin auch ich darauf verfallen, dem Versandhandel mein Vertrauen zu schenken. Irgendwann, etwa alle drei Monate – ja, so schnell wachsen Knopf und Knöpfchen mir über den Kopf! –, spielen wir Konsumrausch. Wir pflügen durch das bunte Angebot der aktuellen Katalogausgaben und filtern erst einmal heraus, welche Anschaffung dran ist und was denn noch so gefallen könnte. Meist ist die zweite Kategorie deutlich besser besetzt;

aber inzwischen kann ich tatsächlich an ein rudimentäres Kostenbewußtsein appellieren.

Meine Befürchtung, die schiere Fülle der Klamotten würde zur Gier verführen, hat sich nicht bestätigt. Mit der Zeit haben sie durchaus eine Art kritischer Distanz zum Angebot entwickelt und sind in der Lage, Bedarf und Wunsch halbwegs in Einklang zu bringen.

Ein Fax, eine Karte oder ein Anruf, und dann heißt es warten. Bis eines Tages, nach einem besonders anstrengenden Schultag, das Päckchen eintrifft. Ich habe die Regel eingeführt, daß es erst geöffnet wird, wenn ich heimkomme; um überstürztes Anprobieren und Aufreißen der Packung zu verhindern. Denn wenn es nicht gefällt – klar, kommt vor –, muß es möglichst unbefleckt und unbeschmiert zurückgeschickt werden. Das ist der einzige Nachteil dieses Einkaufs: Man riskiert Enttäuschung und hat das Nichtgewünschte schnell wieder zurückzuschicken. Aber das kommt seltener vor, als zunächst befürchtet.

Früher galt Katalogware als minderwertig, halbsolide und viertelchic. Nach meinen Erfahrungen kann ich nur sagen: Für Mütter ist diese Art des Einkaufs eine absolut zeitschonende und meist risikoarme Methode, Kinder einzukleiden. Es gibt inzwischen Spezialversender für beinahe jeden Bedarf: französische Babybekleidung, amerikanische Outdoor-Ausrüstung, italienische Lederwaren, englischen Countrylook und deutsche Anbieter, die stolz auf ihre Preise sind.

ZEITSPENDER: **Adressen sammeln**

Unsere Mütter lebten nach dem Motto «Spare in der Zeit, dann hast du in der Not». Mit diesem Argument wurden bizarre Dinge wie abgebrochene Löffel, morsche Gummiringe, Essensreste und eingelaufene Pullover aufgehoben. Es ist mir gottlob gelungen, dieses Erbe abzuschütteln. Aber in einem Punkt tue ich doch Abbitte. Und das ist das Sammeln von Adressen.

Es ist ja leider immer wieder so, daß wir in Verlegenheit kommen, dringend einen Handwerker, einen Lieferanten, ein Geschäft zu suchen, das vielleicht ein klitzekleinwenig ausgefallen ist. Die Werkstatt, wo Jungen über 12 in kleinen Gruppen Holzarbeiten machen können. Die Kieferorthopädin, die allergieverträgliche Zahnspangen anbietet. Der Ponyhof, wo kleine Mädchen unvergeßliche Sommerferien verbringen können. Der Maler, der so super Türen abschleifen und lackieren kann und gar nicht teuer sein soll. Die reizende Nachbarin von Sibylle, die so gern mal abends zum Sitten käme. Oder auch nur die Adresse aus der Frauenzeitschrift, wo man Teile von Geschirr suchen lassen kann, das nicht mehr hergestellt wird.

Alles, zugegeben, nicht unbedingt überlebenswichtige Anlaufpunkte, aber doch im rechten Moment sehr hilfreiche Engel des Alltags. Für alle diese kleinen Ausrisse, Zettel und Notizen habe ich einen Schnellhefter angelegt. Darin werden die Adressen in Klarsichthüllen gesammelt: Handwerk, Service, Läden, Reisen, Vergnügen … Es dürfen nicht zu viele werden, sonst erinnere ich mich im entscheidenden Augenblick gar nicht daran, daß ich da doch neulich was gefunden hatte …

Gestern zum Beispiel stieß ich wieder einen Freudenschrei aus: Da hatte ich doch, rechtzeitig vor den Herbstferien, in meinen privaten «gelben Seiten» diesen österreichischen Geheimtip wiedergefunden, die kleine Familienpension im Ausseer Land, mit bester Küche und weichen Betten ... Aber die verrate ich hier nicht.

❧ ZEITSPENDER: **Computer**

Für berufstätige Frauen gehört der Computer zum Arbeitsalltag; sie hassen ihn, sie küssen ihn, wenn er mal so richtig schnell ist und schnurrschnurrschnurr die Arbeit genau so tut, wie man es wünscht – und in der Regel gewöhnen sie sich schneller an diesen Kollegen, als zunächst gedacht.

Inzwischen aber gibt es auch in immer mehr Privathaushalten Personal Computer, sogar mit Internet-Anschluß, und hier ist ein weiter Spielraum für Effizienz, Vereinfachung und Infrastruktur.

Das betrifft zum Beispiel das Einkaufen, von dem oben bereits die Rede war. Es mag gewöhnungsbedürftig sein, aber was spricht eigentlich dagegen, unsere Lebensmittel per Internet zu bestellen, wenn die Zeit mal wirklich kneift? Die ersten Angebote dafür sind bereits eingerichtet und warten darauf, getestet zu werden.

Seit Ende 1996 gibt es in Hamburg den virtuellen Supermarkt. Jeder neue Kunde erhält erst einmal einen ausführlichen Katalog, der die Auswahl erleichtert. Unter *www.einkaufsnetz24.de* kann dann die Maus den Einkaufszettel abfahren: 1 × Waschpulver, 1 × TK-Suppengemüse, 1 × Zahnpasta, 1 × Katzenfutter ... Vom

Brot bis zum Aufschnitt, vom Joghurt bis zum Rasierschaum bietet Rahman Nassery, der das Einkaufsnetz betreibt, 2500 Artikel an. Sie werden zur verabredeten Zeit nach Hause geliefert.

Zu teuer? Online-Magazine haben das Angebot getestet und sind zu dem Ergebnis gekommen, daß bei einem Einkauf von etwa 50 Mark der Netzservice drei bis vier Mark mehr verlangt als der durchschnittliche Supermarkt. Bei jeder Bestellung fällt außerdem eine Lieferpauschale von fünf Mark an. Wenn man das geschonte Nervenkostüm und die gewonnene Zeit gegenrechnet, ist das eine ziemlich attraktive Alternative. Derzeit verhandelt Nassery übrigens mit mehr als 50 potentiellen Franchise-Nehmern, die seine Idee in anderen Städten anbieten wollen.

Nachrichten, Bücher, CDs, Urlaubskataloge, Kosmetik, Investment-Fonds, Sprachkurse – es läßt sich alles per Mausklick heranholen, vorausgesetzt, man ist bereit, auf das sinnliche Element beim Konsum weitgehend zu verzichten – anfassen, anprobieren, anhören, anlesen, anschauen: Fehlanzeige. Statt dessen können wir aus dem Angebot wählen, ohne uns von daheim fortbewegen zu müssen, was besonders für Mütter von Kleinkindern ein unschätzbarer Vorteil ist: Ein paar Minuten lang mal im Internet surfen, während der Toddler gerade mit dem Bobbycar durch die Wohnung flitzt, das ist zweifellos sehr viel nervenschonender, als sich mit Buggy, Fläschchen und Reserve-Pampers auf die Abenteuertour durch die Stadt zu begeben.

Besonders segensreich ist E-Mail; man bleibt in Kontakt, ohne Aufwand treiben zu müssen; schneller als die

Post, nicht so störend wie ein Telefon und ebenso effizient wie ein Fax.

Ich höre zwei Einwände, und weil sie berechtigt sind, will ich sie nicht unterdrücken. Zum einen ist das Internet selbst ein höchst ineffektives, chaotisches, häufig unberechenbares Medium, das uns nervt und zur Verzweiflung treiben kann. Jeder, der etwas anderes erzählt, lügt. Da lösen sich Websites auf, da steht man blockiert im Stau auf der Daten-Autobahn, da erweisen sich großspurige Neuheiten-Versprechen als plumpe Anmache und billige Ringeltauben.

Wie dem abzuhelfen ist? Nur mit Routine, die man sich im Lauf der Zeit erwirbt; denn erst mit einer gewissen Erfahrung fällt die Surferin nicht mehr auf jede Verlockung am Wegesrand herein, spürt nicht mehr jeder interessant klingenden WWW-Adresse hinterher, nur um nach endlosen drei Minuten festzustellen, daß es sich um dümmliche Werbung handelt oder ein völlig veraltetes Angebot angepriesen wird.

Hilfreich ist beispielsweise auch die Website *www.kidnet.de*, wo Mütter über Erziehungsfragen debattieren, einen Secondhandmarkt finden oder erfahren können, welche neuen Selbsthilfegruppen und Therapien es für Neurodermitis-Patienten gibt.

Der zweite Einwand sind die Kosten. In den USA, wo der Computer auch im Privathaushalt schon sehr viel selbstverständlicher ist als bei uns, ist auch das Surfen deutlich günstiger als hierzulande. Vielleicht ergibt sich ja auch die Möglichkeit, das eine oder andere Web-Angebot über den Job-Computer zu nutzen. Ansonsten gilt das Prinzip Hoffnung: Die Gebühren müssen einfach sinken. Je mehr Privatpersonen das Web auch für private Zwecke nutzen, desto eher wird das geschehen.

❧ ZEITSPENDER: **Bewegung**

Doppelt- bis dreifach belastete Mütter sind Hochleistungssportlerinnen. Gut, daß uns das niemand vor dem Start sagt. Ich hätte mich niemals darauf eingelassen.

Jetzt aber gilt für mich das radikale «Schneller!» und «Weiter!». Neulich erst habe ich es gemerkt, als ich neben meiner Kollegin Carolin plötzlich vom dritten in den sechsten Stock hochflitzte. Carolin ist genauso alt wie ich. Irgendwo in Höhe des fünften Stocks hat sie nur noch gepustet. «Hey, warte mal!» Ich guckte über die Schulter zurück. Es war ein guter Moment, als ich, vollkommen normal atmend, zu ihr sagte: «Na, Caro – wie wär's? Ich glaube, du solltest mal etwas für dich tun. So bewegungsmäßig, meine ich.»

Die Art von Kondition, die uns abverlangt wird, ist jedenfalls ein Fitneßtraining besonderer Art. Da gilt der Grundsatz: Mach dir deinen Körper zum Freund. Viele andere hast du sowieso nicht.

Richtig, das Sportprogramm frißt regelmäßig einen bis zwei Abende in der Woche auf. Aber es zahlt sich doppelt bis dreifach aus, weil es ein unnachahmliches Wohlgefühl vermittelt, die Energiespeicher auffüllt, Immunkräfte stärkt und noch etwas für das Aussehen tut. Wer sich durch den zugegeben mühseligen Anfang gequält hat, wird es bestätigen. Inzwischen merke ich, daß ich mich regelrecht auf Entzug fühle, wenn meine beiden Sportstunden in der Woche einmal ausfallen. Klingt aufgeblasen, ist aber so. Wahrscheinlich hat es damit zu tun, daß ich mir diese beiden Abende ganz bewußt freigeschaufelt habe und mit rotem Marker im Kalender steht: Für Anna! Und für sie ganz allein.

Es gibt Mütter, die sind so robust und widerstandsfähig, daß sie keinerlei Gedanken darauf verschwenden müssen, ob das immer so bleibt. Es ist einfach so.

Wir anderen aber tun gut daran, in den Alltag kleine Routinerituale einzubauen. Sie halten uns beweglich. Ich rede jetzt nicht von täglichem Joggen im Park, von 40 Liegestützen oder zweimal Schwimmen in der Woche. Das sind Ansprüche, die schon viel zu hoch gesteckt sind. Man hält sowas zwei bis drei Wochen durch, und Schluß.

Welche Fitneß-Angebote für unsereins realistisch sind und welche Vor- und Nachteile sie haben, findet sich ab Seite 160.

ZEITSPENDER: **Abwehrkräfte**

Kalt duschen! Für den Kreislauf? Na gut, vielleicht auch. Es gibt aber einen einzigen Grund, warum ich morgens erst ganz normal heiß und dann kahahalt dusche, mindestens eine Minute lang. Es macht nämlich wach. W-A-C-H! Wie nichts anderes. Selbst wenn Knöpfchen in der Nacht wieder vor dem Bett stand, weil eine Hexe hinter der Gardine lauerte oder der kranke Knopf morgens um zwei Uhr noch inhalieren mußte, weil er keine Luft bekam – derlei Schlafunterbrechungen haben ihren Schrecken für mich verloren, seit die Kaltdusche morgens zu meinen Gebetsübungen zählt.

Und wach und klar startet man einfach schneller und munterer in den Tag.

Richtig, nebenher härtet sie auch noch ab. Die paar Erkältungen, die mich in den vergangenen sechs Jahren erwischt haben, kann ich an einer Hand abzählen. Nie war es so schlimm, daß ich mich deswegen ins Bett legen mußte. Es heißt ja immer, Mütter hätten ein geheimnisvolles Immunsystem, das sie vor aller Ansteckung und Krankheit schützt. Nun, ich kenne genügend Mütter, die sich im Winter von einer Bronchitis zur nächsten Angina schleppen. Ich kenne diese Krankheiten nur noch aus der Erinnerung. Kühn, so was hinzuschreiben. Wer weiß, was mich im nächsten Winter erwischt. Ich bleibe aber dabei: Die kalte Dusche ist die beste Grippe-Impfung, die ich kenne.

Übrigens soll diese Art von Mini-Kneippkur auch noch straffe Haut schenken. Da bin ich allerdings vorsichtig. Den deprimierenden Trend zur Erschlaffung wird das Wasser allein wohl kaum aufhalten. Aber vielleicht gilt ja auch hier, daß der Glaube Cellulite-Pölsterchen versetzen kann ...

Und auch den letzten positiven Nebeneffekt muß ich noch anführen. Wenn wir im Sommer ins Freibad gehen, kann ich vor Knopf und Knöpfchen locker die Heldin spielen. Während sie nämlich unter der kalten Dusche quieken, als stünde jemand mit dem Küchenmesser vor ihnen, stehe ich im eisklaren Wasserstrahl wie eine Eins. «Wieso schreist du nicht, Mima?» fragt Knöpfchen. «Warum soll ich schreien?» frage ich zurück. «Ist doch bloß kaltes Wasser. Schön erfrischend.»

Manchmal sehe ich mir morgens in der S-Bahn die Frauen an, die da mit mir unterwegs sind. Und mache dieses beliebte Ratespiel: Welchen Beruf hat die Rothaarige im Regenmantel? Ist diese sportliche Frau in den roten Jeans wohl Verkäuferin? Und die da mit der Steppjacke, will sie zum Shopping, oder hat sie heute noch Dienst? Ich behaupte: Ob eine Frau berufstätig ist oder nicht, erkenne ich an ihrem Haar.

Ich erinnere mich noch gut, daß ich einmal bei meinem Friseur in der Innenstadt einen sogenannten Frühtermin hatte. Sieben Uhr. Ich hatte vermutet, ich sei die einzige, die sich um diese Tageszeit das Haar waschen und schneiden läßt. Weit gefehlt. Der Salon war gut besetzt, als ich eintraf.

Es war das Heer der Damen, das um diese frühe Morgenstunde sich passend zum Business-Kostüm die Haar-Uniform anlegen ließ: halblang mit aschblonden Strähnchen, aufwendig gefönt, straff aus dem Gesicht nach hinten über die Bürste gezogen. Manche hatten neben sich schon das Köfferchen mit Unterlagen stehen und sortierten Papiere, während ihnen die flinken Hände den Kopf richteten. Für einen Schwatz mit der Dienstleisterin hatten diese Frauen beim besten Willen keine Zeit. Meine Neugier war so groß, daß ich einfach fragen mußte: Wie oft kommen diese Kundinnen? Manche, wurde mir erzählt, dreimal in der Woche. Es waren selbständige Geschäftsfrauen, Abteilungsleiterinnen und Vorstandssekretärinnen, erfuhr ich; in deren Weltbild gehörte eine perfekte Haarmontur ganz selbstverständlich zum Berufsalltag wie der Filofax.

Nun, von diesem Aufwand habe ich mir bis heute keine Strähne abgeschnitten. Gnadenloser Pragmatismus gilt für mich auch hier. Drei Kriterien sind für einen guten Haarschnitt unerläßlich: Er muß daheim leicht selbst zu fönen sein, er darf keine tägliche Nacharbeit erfordern, und er sollte mindestens fünf Wochen halten. Leider haben ja auch viele Friseure noch nicht das volle Dienstleistungspotential ihres Gewerbes erkannt; sie öffnen morgens um neun und schließen pünktlich abends um 18 Uhr. Wie soll unsereins das schaffen? Weil ich wenig Lust dazu verspürte, meinen Samstag für einen Friseurbesuch zu opfern, habe ich gesucht, bis ich diesen Salon fand, der von sieben Uhr morgens bis 19 Uhr abends geöffnet ist. Alle sechs Wochen ein richtiger Schnitt, das muß reichen, finde ich. In meinem nächsten Leben, habe ich beschlossen, mache ich es wie Gabriele Henkel und lasse eine begnadete Friseurin nach Hause kommen. Vom Zeitbudget her die eleganteste Lösung.

Vielleicht ist auch das amerikanische Beispiel eine gute Idee: Auf den Fähren, die die *working girls* morgens hinüber zu den Bürotürmen von Manhattan schippern, gibt es fliegende Figaros, die schnell noch mal nachschneiden oder mit Papilloten die Lockenpracht auffrischen, bevor sich unsere Schwestern auf das Karriereschlachtfeld stürzen. Vielleicht noch eine Idee für den Personennahverkehr der Deutschen Bahn?

❧ ZEITSPENDER: Arbeitsklima

Vielleicht wissen Sie es längst aus eigener Erfahrung; vielleicht hat es auch eine gute Freundin schon erzählt. Männer lieben berufstätige Mütter nicht so richtig.

Als Arbeitgeber argwöhnen sie, diese Frauen stünden sowieso nur mit einem halben Bein im Beruf und seien nie so recht bei der Sache, weil ständig von häuslichen Sorgen abgelenkt.

Und dann diese ewig kranken Kinder. Das kennt man ja. Alle vier Wochen liegt wieder dieser gelbe Zettel auf dem Tisch. Außerdem sind Arbeitgeber häufig Ehemänner von nicht berufstätigen Frauen, die es ihnen daheim schön gemütlich machen. Daher hängen sie häufig der Meinung an, berufstätige Frauen seien egoistisch und ließen ihre Kinder von Fremden hüten, nur um sich nicht zu Hause mit ihnen langweilen zu müssen.

Und die Kollegen? Nun, auch für sie sind wir ein Risikofaktor. Wir könnten unversehens ausfallen und sie auf diese hinterhältige Art zwingen, unsere Arbeit mitzuerledigen.

Noch ein Grund für ihr Mißtrauen. Sind wir nicht ein Vorwurf auf zwei Beinen, weil wir ihnen das Modell Arbeitsteilung vor Augen führen? Weil wir uns als Familienmütter selbstredend und ohne viel Aufhebens zu machen zuständig fühlen für unsere kleinen Wadenzwicker? Ungefragt führen wir diesen Männern vor Augen, was sich alles noch neben der Arbeit in einen Tageslauf zwängen läßt, wenn wir Kinder und ihre Bedürfnisse wirklich ernst nehmen.

Einmal im Jahr den Kindergarten-Ausflug mitmachen? Klar, die vier Stunden lassen sich auch in der nächsten Woche nacharbeiten.

Einmal im Quartal zum Pausen-Milchdienst einteilen lassen? Wird gemacht. Da kommen wir eben anderthalb Stunden später und lassen zweimal die Mittagspause ausfallen.

Den Kindergeburtstag mitten in der Woche feiern? Warum nicht. Der Spaß ist einen Urlaubstag wert, auch wenn wir abends mit bleischweren Gliedern aus dem letzten Loch pfeifen und komplett erledigt in die Betten fallen.

All diese kleinen Kompromisse zwischen Familien- und Berufsleben erfordern allerdings auch nachsichtige Kollegen, die das Spiel mitmachen. Sonst nämlich lauert in diesen Sonderregelungen der Keim für ein mieses Arbeitsklima. Und das ist schließlich das letzte, was wir brauchen können. Es schluckt Energien, produziert Ärger und macht im schlimmsten Fall regelrecht krank.

Nur, wie macht man widerwillige zu kooperativen Kollegen?

Ein klares Gespräch mit dem Vorgesetzten erspart viele Mißverständnisse. Nicht schlecht ist es, wenn einmal jährlich eine Art Stellen-Check gemacht wird. Was haben Sie geleistet, ist der/die Vorgesetzte mit dieser Leistung zufrieden, wie geht es weiter, was wäre noch zu erreichen?

Es ist in dieser Situation falsch sich zu entschuldigen für die paar Dinge, die vielleicht nicht so super gelaufen sind. Das machen wir ja so gern, weil wir insgeheim immerzu an uns selbst zweifeln. Für dieses Gespräch ist es genau das falsche Signal. Sie sind nicht Bittstellerin, sondern eine kompetente Kollegin, die mit ihren Ideen, ihrer Einsatzfreude und ihrem Organisationstalent dem Laden Schwung verleiht – o.k.?

Machen Sie deutlich, daß Sie hier und da auf die

Nachsicht der Mitarbeiter bauen müssen, weil daheim gerade jetzt Ihre Anwesenheit erforderlich ist. Daß Ihre Arbeit dennoch mit hundertprozentiger Zuverlässigkeit erledigt wird – worauf man sich verlassen kann. Privilegien einzufordern geht in Ordnung, ist aber kein Nullsummenspiel. Die andere Seite muß wissen, was sie dafür bekommt. Sonst werden angesäuerte Bemerkungen über unsere hochbezahlte «Zweitbeschäftigung» fallengelassen.

Zusätzlich kann es nicht schaden, ab und an die eigene Außenwirkung zu überprüfen. Wir sollten eine ungefähre Ahnung davon haben, wie andere uns sehen. Sind wir vielleicht manchmal arrogant, ohne daß wir es selbst merken? Können wir das Lob, das uns so guttut, auch mal anderen schenken? Wo lassen wir Unsicherheiten erkennen? Delegieren wir immer die gleichen Aufgaben, nämlich die weniger angenehmen?

Ach ja, und dann: Fangen Sie bloß nicht an, auch noch im Betrieb zu bemuttern. Die berufliche Kompetenz im Job und die Tatsache, daß wir unseren Kindern die beste Mutter der Welt sind, haben nichts miteinander zu tun. Absolut nichts. Dieses Klischee gilt es zu vermeiden. Daß wir Tag für Tag daheim den Laden irgendwie noch schmeißen, hat uns zu blendenden Organisatorinnen gemacht, soviel ist richtig. Aber das sollten wir besser für uns behalten.

Außerdem gilt unbedingt: Kollegen, deren Kooperation wir brauchen, wollen in ihrer Eitelkeit nicht gekränkt werden. Wenn Herr B. mal einen Auftrag gründlich versiebt hat, wäre es unklug, ihm das vor allen anderen unter die Nase zu reiben. Irgendwann wird schon der rechte Moment zu zweit gekommen sein, ihm dazu noch mal unsere Meinung näherzubringen; und immer gilt – bloß nicht persönlich werden.

In jedem Unternehmen gibt es informelle Hierarchien, die in der Regel wichtiger sind als die formalen. Wer den Chef bei welchen Entscheidungen beeinflußt, ist einzig und allein davon abhängig, wem er vertraut. Die informellen Hierarchien können uns bedrohen, sie können uns aber auch nützen. Wenn sich dort erst einmal die Ansicht festgesetzt hat, auf Frau M. sei ja kein Verlaß mehr, seit sie Mutter sei – na, dann gute Nacht.

Deshalb soll sich unsere Aufmerksamkeit nach der Rückkehr in den Job unter anderem auch darauf richten, die informellen Hierarchien zu erkennen und nach Möglichkeit zu nutzen. Wenn die graue Eminenz K., die Vorzimmer-Assistentin L. erst zu der Einsicht gelangen, daß eine berufstätige Mutter ein offenbar unerschöpfliches Energiebündel ist, dann haben wir den Kampf schon halb gewonnen.

Kleiner Nachsatz: Perfektionismus ist ein wenig hinderlich. Wer keine Fehler zugeben kann, macht sich auf Dauer nur verdächtig.

Nachdem wir die gnadenlosen Zeitfresser aus der täglichen Routine hinausgeworfen und die segensreichen Zeitspender möglichst zahlreich eingebaut haben – was hält uns davon ab, die gewonnenen Minuten und Viertelstunden kurzerhand jemandem zu schenken, der sie gut gebrauchen kann: uns selbst?

Das kann doch eine Mutter
nicht erschüttern

So geht es nicht weiter!

Wie alles begann

Er kommt ohne Vorwarnung. Der berühmte Punkt, an dem alles zuviel wird. Ich lebe unter dem Eindruck, stets und ständig zu versagen. Daheim, wo ich allerhöchstens flüchtig die Mutter abgebe. Und im Job, wo mir jüngere Kollegen vorführen, was man alles erreichen kann, wenn man sich in eine Sache hineinkniet. Ohne auf die Uhr zu gucken oder an so etwas wie ein Wochenende zu glauben. Wie soll ich es schaffen, meinen Alltag so in den Griff zu bekommen, daß noch etwas von mir übrigbleibt? Daß ich nicht einfach untergehe in dem ständigen Wettlauf gegen die Uhr?

Es war ein ganz gewöhnlicher Morgen, mitten in der Woche. Da rief ich in meiner Familie die Revolution aus. Als der Wecker klingelte, stupste ich meinen Mann und sagte: «Bitte!»

Nur dies eine Wort. Er setzte sich auf, mit einem Schlag hellwach. Instinktiv schien er zu ahnen, daß Gefahr im Verzug war. «Was ist los?» fragte er besorgt.

«Nichts, Liebster. Ich habe nur ‹Bitte› gesagt.»

«Ja und? Was, ‹Bitte›?» – «Bitte, könntest du heute

vielleicht Knopf wecken und wegbringen? Ich bin total kaputt. Dann könnte ich noch zwanzig Minuten liegenbleiben, duschen und mich in Ruhe fertig machen; und einfach mal morgens ohne Hetze starten.»

Plötzlich war alles so einfach. Er machte die Tür zu, und kurz darauf hörte ich draußen ein Flüstergespräch zwischen dem kleinen und dem großen Mann. Nur kurz versuchte ich sie zu verstehen – dann beschloß ich einfach, nicht mehr hinzuhören. Ich gab diesem Drang in mir, der immer die Kontrolle behalten will, nicht länger nach. Noch lag ich völlig angespannt unter der Bettdecke, bereit aufzuspringen, um es so zu machen wie jeden Tag. Um zu funktionieren. Und gleichzeitig fürchtete ich mich davor, zu funktionieren und schon morgens, auf dem Weg zu meinem Schreibtisch, diese Erschöpfung zu spüren.

Das Flüstern draußen war verstummt. Die beiden mußten in der Küche sein. Bis jetzt war nichts passiert, was meine Anwesenheit dringend erforderlich machte. Tatsächlich – es klappte. Und schon war ich wieder weggedämmert.

Als der Wecker ein zweites Mal klingelte, reckte und streckte ich mich, machte meine Frühgymnastik, ein paar Minuten Stretching, und sprang unter die Dusche. Ich ließ mir Zeit; der heiße Strahl im Nacken, wann hatte ich den zuletzt so intensiv genossen?

Auch beim Frühstück war es anders als sonst. So still. Statt ein Butterbrot in Würfel von zwei Zentimeter Kantenlänge zu schneiden und anschließend vom Küchenboden wieder aufzuklauben, warf ich einen Blick in die Zeitung. Ich las drei Absätze hintereinander, dann ließ ich das Blatt fassungslos sinken. Wann hatte ich zuletzt morgens am Frühstückstisch einen derartig langen Artikel ohne Störung aufgenommen? Ich zog die Luft ein, fühlte mich plötzlich ein Stück weit aufgeräumt und wieder sicher.

An diesem Morgen machte ich in meinem Tagebuch einen roten Punkt. Der sollte heißen: Ich habe etwas für mich getan. Jetzt geht es mir besser.

Und dies war der Anfang einer wunderbaren Idee. Einer Idee, die mich seither begleitet. Entstanden aus der Einsicht, daß es vollkommen nutzlos ist, immer noch eine Umdrehung schneller zu tanzen, obgleich sich die Wände und der Boden schon so schnell drehen, daß mir schwindlig wird. Damit ich dafür sorgen kann, daß es anderen gutgeht, muß ich mich selbst im Blick behalten.

Unser inneres Gefühls- und Stimmungsbarometer ist ein feinfühliges Instrument. Es nimmt übel, wenn immer nur abgebucht wird. Da muß auch etwas aufgefüllt und nachgeschoben werden. Dieses Etwas ist die Zeit, die wir uns selbst nehmen. Es können Bröckchen sein, es muß nicht täglich sein. Einige Möglichkeiten haben wir schon in den «Zeitspendern» kennengelernt. Wichtig ist allein, daß wir uns selbst nicht aus den Augen verlieren. Und den Blick schärfen für die Gelegenheiten, dem Alltag ein Schnippchen zu schlagen.

Nun haben wir das Ziel vor Augen und müssen nur noch den Weg suchen.

Ein Programm

... und noch mehr Streß?

Eine Psychologin hat mir im nachhinein bestätigt, was ich intuitiv vermutet hatte. Wer viel Energie und Kraft dazu einsetzt, es anderen gutgehen zu lassen, neigt dazu, seine Aggressionen zu verdrängen. Denn was er selbst als Liebe und Zuwendung abzugeben glaubt, kommt bei anderen teilweise gar nicht an oder wird anders wahrgenommen. Es war das Schicksal der aufopfernden Mütter früherer Generationen, daß ihre Liebe und Fürsorge nicht mit ähnlichen Gefühlen aufgewogen wurden. Doch noch einmal: Die Entscheidung, Beruf und Kinder zu vereinbaren, verlangt Flexibilität, Disziplin und den Willen zum Verzicht. Aber den schieren Altruismus, die vollständige Aufopferung verlangt sie nicht. Im Gegenteil: Wenn wir erst einmal akzeptieren, daß unsere eigenen, ureigensten Bedürfnisse nicht abgestellt werden können, nur weil wir einen anstrengenden Alltag leben, dann werden wir deutlich lockerer mit der Leistungserwartung umgehen.

Mein erster kleiner roter Punkt im Tagebuch, nachdem ich an jenem denkwürdigen Tag das kleine Wort «Bitte» ausgesprochen hatte und feststellte, daß es unglaublich erholsam sein kann, sich morgens einmal nicht zu hetzen – das war der Beginn einer wunderbaren Erfahrung. Kleine Verwöhnungen, Inseln im hektischen Tageslauf, Momente zum Atemholen: Ich beschloß, darüber nachzudenken, ob sich da nicht mehr machen ließe.

Keinesfalls, schwor ich mir, wollte ich eine weitere Hürde aufbauen in der Art: Das mußt du schaffen. Von diesen Hürden gab es schon zu viele in meinem Leben. Was heftige Schuldgefühle hervorrief – «Du hättest doch» oder «Warum klappt das nie …» Nein. Davon kein Wort mehr.

Ich brauchte dringend einen Haarschnitt, und, was soll ich sagen, beim Friseur kam mir der geniale Gedanke. In einer Zeitschrift stolperte ich über eine Story, die beschrieb, wie Hollywood-Stars es schaffen, fit und straff zu bleiben. Sharon Stone und Andie MacDowell waren abgebildet, schmale Hollywood-Rehe mit drahtigen Beinen. Sie berichteten von ihren *personal coachs*. Diese Privattrainerinnen kommen täglich ins Haus, um ein ganz individuell aufgebautes Fitneß-Training mit den Stars zu absolvieren: Joggen, Aerobic, Stretching, Krafttraining, Ausdauer, Radfahren, Schwimmen, Tennis – you name it.

Phantastisch, dachte ich. Ihre doofen Villen können sie meinetwegen für sich behalten – aber um diese privaten Coachs beneide ich sie hemmungslos. Nie mehr den inneren Schweinehund besiegen müssen, wenn man eigentlich den Sportabend schwänzen will. Nie wieder ärgerlich feststellen müssen, daß es wieder zu spät geworden ist für die «Bauch-Beine-Po»-Stunde. Vor allem aber jemand, der einem sagt: Das tut dir gut. Los, das machen wir jetzt zusammen.

Auf dem Heimweg sah ich noch immer die Bilder von Sharon Stone, strahlend und straff, mit ihrem Coach. Und da! Plötzlich schoß es mir durch den Kopf. Nimm dir doch einen. Wie das? Na, ganz einfach! Denk ihn dir.

Auf der Stelle stiegen die Bilder dazu vor meinem inneren Auge auf. Morgens frage ich meinen Coach: Was kann ich heute für mich tun? Und dann sagt er: Telefonier doch in der Mittagspause mit Stephanie. Drei Wochen hatten wir nichts voneinander gehört, und ich vermißte sie plötzlich. Warum also nicht öfter versuchen, ob es sich nicht vom Büro aus schnell mal einschieben läßt? Mein Coach gibt mir zwei Punkte dafür.

Am nächsten Tag sagt er: Paß auf deine Ernährung auf. Du hast anderthalb Kilo mehr als dein Wohlfühlgewicht drauf. O. k., sage ich, heute mittag gibt es eine Pellkartoffel mit Quark und abends zwei Knäckebrote mit Corned beef; fertig. Bei Hunger zwischendurch Obst ohne Mengenbeschränkung. Wenn ich abends vor dem Schlafengehen feststelle, ob ich's geschafft habe: zwei Punkte.

Der dritte Tag war ein Dienstag. Mein Sportabend. Wenn bloß nicht immer vorher diese Hetze wäre ...

Doch im Licht meiner neuen Punktesammelei begriff ich plötzlich: Du kannst das auch anders einsortieren. Die Sportstunde, das ist dein eigenes Verwöhn- und Wellness-Programm. Eine Stunde für mich allein, frei nach Virginia Woolfs berühmten Essay. Das ist glatt vier Punkte wert, denn genau um diesen Ansatz geht es ja bei meinem Programm: etwas für mich selbst tun, damit ich mehr für die anderen tun kann, ohne zur Entsagerin oder zur Furie zu werden.

Vier Punkte am Dienstag, das sollte ich doch schaffen. Und tatsächlich, es fiel mir leicht, nachdem ich entdeckt hatte, daß sich meine Einstellung veränderte und ich den dummen Streß vor dem Sport niedriger hängte. Auf der

Fahrt zum Studio schob ich den Gedanken an den eben überstandenen Ärger zur Seite. Statt dessen freute ich mich auf die Stunde, die mir gleich allein gehören sollte. Auf die Übungen zum Aufwärmen, zur Musik von «I will survive». Mein Puls ging schneller. Tempo. Ich bin es. Mich spüren von Kopf bis Fuß, eine Wohltat.

Schlaf, Massage, Bewegung, Ernährung – ich beschloß, das sollten die wichtigsten Komponenten meines Punkte-Programms werden, was die physische Seite angeht. Aber es gab ja noch viel mehr, was mir fehlte ...

Was tut mir gut?

Mal überlegen ...

Mein erstes Punkte-Programm, eine Art innerer Dialog mit dem soeben erfundenen persönlichen Coach, kritzelte ich unterwegs in der S-Bahn auf die Eintrittskarte eines Museums. Ich überlegte mir reizvolle Alltagspausen und versah sie mit einer Punktezahl:

- zwanzig Minuten Mittagsschlaf: *zwei Punkte*
- eine Viertelstunde Telefonplausch mit der Freundin: *zwei Punkte*
- eine gemütliche Gesichtsbehandlung, mit Maske: *drei Punkte*
- eine halbe Stunde früher ins Bett als sonst: *zwei Punkte*
- nach der Dusche fünf Minuten Bürstenmassage mit Bodylotion: *zwei Punkte*

- morgens eine Tasse Tee ans Bett gebracht bekommen: *zwei Punkte*
- mittags eine Viertelstunde in die Sonne geblinzelt, ohne viel zu denken: *zwei Punkte*
- ein Durchgang autogenes Training, Tageszeit egal: *drei Punkte*
- zwanzig Minuten ungestörte Lektüre, die nichts mit dem Job zu tun hat: *drei Punkte*
- im Lieblingssessel zwanzig Minuten die Lieblings-CD gehört, ohne Unterbrechung: *drei Punkte*
- auf ein Glas Wein bei den Nachbarn vorbeigeschaut und gequatscht: *drei Punkte*
- auf die Ernährung geachtet, mich ausreichend mit Gemüse und Obst versorgt: *vier Punkte*
- eine Stunde Sport im Studio: *vier Punkte*
- einmal Kino: *vier Punkte*
- eine halbe Stunde Bewegung draußen, Schwimmen, Radfahren, Joggen o. ä.: *vier Punkte*
- mit dem Liebsten unterwegs gewesen, ohne Kinder: *vier Punkte*

Und so weiter. Später übertrug ich diese Notiz auf eine haltbare Unterlage, und noch später schickte ich den Coach wieder fort. Er hatte seine Schuldigkeit getan.

Bestimmt fallen jeder Frau auf der Stelle eine Menge von möglichen Verwöhnern ein, denn wenn wir nicht wie abgestumpfte kleine Hamster durch das Rädchen laufen, dann fliegen die Gedanken von selbst zu dem, was wir vermissen.

Und da genau sollen Sie jetzt bleiben und mit Ihrer Phantasie flanieren.

Eine Liste? höre ich die Skeptikerin fragen. Vielleicht klingt das einigen zu bürokratisch. Wichtig ist, daß wir festhalten, was wir uns vornehmen. Was wir schriftlich fixieren, ist im Gedächtnis besser verankert. Zum Nachlesen, Erinnern und Einüben. Also einfach den Widerwillen überwinden, anstatt das ganze Programm gleich zu knicken.

Ob diese Liste ein Blatt aus dem Schulheft ist oder ein Stück Fotokarton, mit dickem Filzstift beschriftet, eine schöne Ansichtskarte oder eine Seite im Filofax – das ist völlig unerheblich. Wichtig ist lediglich, daß sie uns in der Startphase des Programms auf Schritt und Tritt begleitet; denn dann können gleich alle frischen Ideen zur Selbstverwöhnung hinzugefügt werden. Und gleichzeitig wird das Gedächtnis für die Punktzahl trainiert.

Denn jetzt geht es los, das Zählen. Keine Sorge: Logarithmentafeln werden dazu nicht benötigt. Addieren reicht. Da muß nur etwas zusammenkommen!

Zwei, vier, sechs ...

Punkte zählen leichtgemacht

Nachdem wir uns die Verwöhnmöglichkeiten ausgedacht haben, kommt der nächste Schritt. Vertrauen ist gut, Kontrolle ist besser: Die Sache mit unseren Alltagspausen sollte so aufgezogen werden, daß wir den Überblick behalten, ob es funktioniert. Damit wir nicht wieder selbst hinten herunterfallen. Die Lösung: das Punktesystem! Nur – wie läßt sich das einrichten und durchhalten?

Natürlich soll kein Leistungszwang daraus werden. Die Punkte sollen helfen, darauf zu achten, ob es denn geklappt hat, ob es vielleicht sogar besonders gut klappt und wie viele Tage hintereinander wir die Vorsätze wirklich in den widerspenstigen, vollgestopften, anspruchsvollen Alltag einbauen. Die Grundidee ist variabel und unendlich wandelbar: Wenn es mir gelingt, etwas Gutes für mich zu tun, gebe ich mir Sammelpunkte. Die helfen dabei, mein Vorhaben im Blick zu behalten.

Regel Nummer eins: Alle Fluchtpunkte und Mini-Verwöhnungen werden aufgeschrieben, und jede bekommt ihren eigenen Punktwert. Je aufwendiger und schwieriger zu realisieren, desto höher sollte die Punktezahl angesetzt werden; zwei Punkte für den halbstündigen Mittagsschlaf am Wochenende, vier Punkte für den Abend im Kino; denn ein Kinobesuch ist eben seltener zu schaffen und ist deshalb eine größere Verwöhnung.

Regel Nummer zwei: Gezählt wird nur, was klappt. Die Pluspunkte also. Als Anreiz gedacht.

Natürlich ließen sich auch Minuspunkte verteilen. Aber dann stecken wir wieder mittendrin im alten System von Forderung und Leistung. Hier aber geht es um das Belohnen, nicht um das Bestrafen. Das hätte uns noch gefehlt: Kaum haben wir etwas für uns getan, werden die mühsam errungenen Punkte wieder aufgefressen von einem Tag, der im Chaos versank. Nein.

Regel Nummer drei: Das Zählen der Punkte allein

stellt uns noch nicht zufrieden. Ein zusätzlicher Anreiz muß her. Eine Schwelle, die den gelungenen von dem mißglückten Tag trennt. Mit mehrjähriger Erfahrung im Rücken kann ich nur raten: Es ist sinnlos und macht keinen Spaß, Tag für Tag mitzuerleben, wie das Ziel verfehlt wird.

So entschloß ich mich bewußt zu einer kleinen Punktzahl, die ich jeden Tag schaffen wollte – und konnte!

Sechs Punkte – klingt lächerlich wenig, was? Kaum zu glauben, daß selbst dieses kleine Ziel mitunter noch zu hoch gesteckt ist. Andererseits: Sechs Punkte, das ist zu schaffen. Der kleinste gemeinsame Nenner, die realistische Dimension.

Ist es nicht übersichtlicher, nach dem Dezimalsystem zu gehen und mit Zehnersprüngen zu rechnen? Zehn Punkte für längeres Schlafen, zwanzig Punkte für eine Extraportion Obst und Gemüse, dreißig Punkte für die Sportstunde und so weiter.

Mir selbst ist es sympathischer, in kleinen Schritten vorzugehen. Klein, pragmatisch, überschaubar soll das Programm sein – nach der Devise: nur nichts Kompliziertes aufbauen im Slalom meines Alltags. Alles, was ich will, ist die Chance, etwas für mich zu tun, was mir wie eine kleine Belohnung erscheint, meine Kräfte stärkt und die Energie wieder auflädt. Das kann ich besser realisieren mit einem Programm, das auch in der Punktzahl klein bleibt. Zehner- und Fünfziger-Päckchen sind mir zu anspruchsvoll. Einschüchternd geradezu.

Vielleicht haben die Zehner-Zählsprünge Vorteile,

die ich übersehen habe. Womöglich findet der eine oder andere es wunderbar, das Punkte-Konto ordentlich vollzuladen und an einem Tag auch mal auf hundert zu kommen. Eine individuelle Entscheidung, die von subjektiver Vorliebe abhängt.

Das Punkte-Konto. Wie führt man das? Ist das nicht wahnsinnig lästig, noch einen weiteren Zusammenhang im Auge zu behalten? Noch mehr Papierkram, Buchhalterei, Systempflege? Ganz im Gegenteil! Diese Dokumentation bringt tatsächlich Spaß. Das ist nämlich etwas anderes, als Belege zu sammeln, ein Formular auszufüllen oder ein Protokoll aufzusetzen.

Hier geht es um etwas Spannenderes. Es geht um mich selbst. Allein der Vorgang, die Punkte zu zählen und im Auge zu behalten, ist ein Stück von diesem unerhörten Egoismus, den wir uns leisten.

Am besten funktioniert es, die tägliche Punktzahl abends zu notieren. Wenn die magische Sechs (oder was immer die festgelegte Schwelle sein soll) geschafft worden ist. Wenn nicht – einfach vergessen.

Und nur keinen Streß machen beim Eintragen. Fünf Sekunden, länger darf das nicht in Anspruch nehmen. In den Terminkalender, ins Tagebuch, auf die Erledigungsliste – Punktzahl hingeschrieben, ein Kreis drum herum, finito.

Es sollte allerdings – Achtung! – eine Unterlage sein, die wir ständig bei uns führen, wir Terminjongleurinnen. Wer's mag, kann sich einen Extraordner dafür im Laptop oder auf dem PC einrichten. Nicht oberpraktisch, weil man den ja eventuell extra anwerfen muß – was länger dauert als die Eintragung selbst.

Keinesfalls also irgendein dummer Tischkalender im Büro, völlig undenkbar. Auch ein stationärer Kalender zu Hause macht wenig Sinn. Denn die Punkt-Buchführung lebt davon, ziemlich unmittelbar verfolgt zu werden. Nur dann funktioniert sie vermutlich, es sei denn, wir entwickeln ein perfektes Gedächtnis. Weil diese Punkte so hart erkämpft werden, können wir es uns gar nicht leisten, auch nur zwei davon durch die Ritzen rutschen zu lassen.

Andererseits: Einmal am Tag festzuhalten, was geklappt hat, ist o.k. Wir führen hier schließlich kein Stundenprotokoll.

Anfangs war ich so leichtsinnig, mein Konto mitunter schon im voraus zu führen, die Absicht als Ausführung zu nehmen. Oft genug zeigte dann aber doch der Alltag seine Fratze und brachte das schöne Vorhaben zu Fall. Am nächsten Tag konnte ich dann ausstreichen und drüberschreiben: war nichts. Ganz fatal für die Stimmung. Also, *Regel Nummer vier*: Nur die Punkte notieren, die bereits erreicht wurden.

Übrigens stellt sich regelmäßig eine Art Euphorie ein, wenn ich feststelle, daß ich die Latte von sechs Punkten spielend genommen und glatt bei zehn, bei zwölf oder noch mehr Punkten herauskomme. Selbstredend kommt das höchstens am Wochenende vor; aber auch in den Ferien.

Wieso – ein Verwöhnprogramm in den Ferien? Da soll ich auch noch Punkte zählen? Warum soll ich mich denn auch dann noch unter diesen Systemzwang stellen?

Interessant, kann ich da nur sagen. Auch Urlaub, auch Ferien mit der Familie können Streß bringen.

Knopf und Knöpfchen jedenfalls gehen mit Recht davon aus, daß sie nun mal endlich beide Eltern für sich haben und die ihnen gefälligst auch uneingeschränkt zur Verfügung zu stehen haben. Alles, was sonst immer «nicht geht», sollte am besten gleich in den ersten Ferientagen realisiert werden.

Sei es, daß einfach soviel nachgeholt werden soll an Gemeinsamkeit, daß da den ganzen Tag am Strand ein Versorgungs- und Erziehungsprogramm abläuft, daß ein Ferienhaus, eine Wohnung mit wenig Komfort und vielen Menschen in Schwung zu halten ist. Nein, ich habe häufig genug auch in den Ferien das Gefühl gehabt, daß meine Energie literweise abgezapft wird von der Familie. So gesehen kann es nicht schaden, das kleine Punkteprogramm im Gepäck bei sich zu führen; als Erinnerung daran, daß Mama auch Ferien hat und mal für sich sein möchte.

Wenn sich in diesen sonnensatten Tagen das Punkte-Konto aufbläht – um so besser. Denn je mehr Tage im Kalender mit dem dicken roten Kreis versehen werden, desto schneller nähern wir uns der magischen Zahl «30». Und mit der hat es, wie Sie gleich sehen sollen, etwas Besonderes auf sich.

Regel Nummer fünf: Es hat Vorzüge, mit den Punkten zu geizen. Alles andere führt nämlich zur Augenwischerei. Dann sieht man: Super, an diesem Tag habe ich etwas für mich getan. Aber der Effekt ist nicht der gleiche. Mogelei ist einfach doof. Besser gesagt: kurzsichtig, weil der positive Nutzen dieses Programms sich nicht entfalten kann, wenn die kleinen Verwöhnungen so im Ungefähren angesiedelt sind.

Das Bewußtsein macht den Unterschied. Nicht locker zwei Punkte eintragen, wenn der Plausch mit der Freundin heute nur zehn Minuten gedauert hat. Nicht drei Punkte eintragen, wenn die Mahlzeiten zwar o.k. waren, außer daß man abends am Kühlschrank einer Heißhunger-Attacke nachgegeben und die kalten Nudeln heruntergeschlungen hat …

Das ist wie bei einer Patience. Wer einmal angefangen hat zu mogeln, bleibt bald erneut stecken und mogelt weiter. Am Ende geht die Sache vielleicht auf, hat aber kein Vergnügen bereitet.

Also präzise bleiben; es geht ja nur um uns – nein, es geht vor allem um uns selbst.

Noch mehr Punkte!

Wohin damit?

Das ist nun schon die höhere Mathematik des Super-Sechs-Programms, zugegeben. Sie geht zurück auf die Beobachtung, daß jeder Versuch der Selbsterziehung besser funktioniert, wenn wir ein Ziel damit verbinden. Etwas, das uns lockt und nach vorne zieht. Etwas, auf das es sich lohnt hinzuarbeiten. Weil es ein Versprechen bereithält.

Warum also nicht im Auge behalten, an wie vielen Tagen es gelungen ist, kurz mal die Aufmerksamkeit auf uns selbst zu richten und sechs Punkte zu scheffeln? Das geht recht gemächlich voran, schon klar. Es gibt

Wochen, da steht eine einsame rote «Sechs» in meinem Kalender. Blanke Tage, an denen ich funktionieren, abhaken und schaffen muß, nichts weiter. Dann wieder kann es vorkommen, daß mir drei Tage hintereinander alles glückt – sechs, neun, acht Punkte mitten in der Woche, wo gibt es denn so was? Da kann nur der Zufall helfen: Wenn ich beispielsweise auf einer Dienstreise im Flugzeug selbstvergessen den lang schon unterbrochenen Roman weitergelesen habe. Wenn sich zwischen zwei Termine noch ein kurzer Sprung ins Museum klemmen ließ (20 Minuten können schon die Augen öffnen). Wenn ich abends im Hotel noch ins Schwimmbad, womöglich sogar in die Sauna gegangen bin. Oder in der fremden Stadt Freunde von früher getroffen und mit ihnen ins Konzert gegangen bin. Tja, so etwas kommt vor, und es treibt die Zahl der punkterfüllten Tage in schwindelnde Höhen.

Nur – wohin? Ich für meinen Teil habe beschlossen, auf die 30 Tage hinzuarbeiten. 30 Tage, in denen ich jeweils mindestens sechs Verwöhnpunkte für mich vom Wunsch in die Tat umgesetzt habe, ist das nichts? Doch, das ist eine ganze Menge, sage ich mir stolz. Und weil das schwierig genug war, kommt jetzt auf die vielen kleinen Belohnungen eine Extrawurst obendrauf.

Ich kaufe mir etwas, das mir Spaß macht: eine CD, die mir neulich ins Auge fiel. Die wunderbare cremefarbene Bluse, die eigentlich zu teuer ist. Den Lippenstift in einem satten Tomatenrot, den ich mir gerade verkniffen habe. Eine Art «erster Preis», trara!

Auf den materiellen Wert dieser Extras kommt es gar nicht besonders an. Wichtiger ist, daß wir es genießen und Vergnügen daran haben. Nützliche Anschaffungen sind hier überhaupt nicht gefragt. Ein Essen zu zweit beim Italiener (Sitter-Kosten inklusive, laden Sie Ihren Liebsten ein, dann hat auch er etwas von Super Sechs). Ein Abend in der Oper, auf den besseren Plätzen. Keine Angst, daß diese Extrawürste den Etat ins Schleudern bringen könnten – es dauert oft deprimierend lange, bis die «30» erreicht ist.

Hin und wieder habe ich unter Hinweis auf mein aufgefülltes Punkte-Konto auch schon die Fliege gemacht und mir einen ganzen Tag «freigenommen» (dazu mehr am Ende dieses Kapitels). Das ist wie ein Kurzurlaub, glättet die Seele, hellt die Augenringe auf und macht auf der Stelle gute Laune.

Denkbar ist auch die eine oder andere extravagante Art, sich für diese 30-Tage-Packung zu verwöhnen: Mit einem Wochenende zum Relaxen, gemeinsam mit Freunden irgendwo in einem angenehmen Hotel auf dem Land oder einem Kurztrip nach Paris ...

Das, findet der Ober-Knopf, ist allerdings frühestens nach 60-Punkte-Tagen erlaubt. Halt dich bitte da heraus, antworte ich ihm. Mein Punkte-Konto gehört mir und sonst niemandem. Wäre ja noch schöner, wenn ich jetzt auch darüber Rechenschaft abgeben sollte, wie ich etwas für mich selbst tue.

Schon gut, sagt der Vater meiner Kinder. War ja nur ein Hinweis. Ich weiß, sage ich. Ihm schlechte Laune zu bereiten wäre unklug. Schließlich muß er zu Hause das Feuer und die Kinder hüten, wenn ich auf Jück gehe, wie es so schön im Rheinland heißt.

Fünf goldene Regeln für das Punkte-Konto

Sie werden es schon bemerkt haben: Das Programm ist Marke Eigenbau. Das hat Vor- und Nachteile. Der Vorzug liegt darin, daß es leicht verändert werden kann. Der Nachteil: Ein professionelles Organisationsschema wäre vielleicht in sich logischer aufgebaut. Aber wann hat unser Leben, prall wie wir es kennen, schon mit Logik zu tun?

Um mit der Punkteführung vertraut zu werden, werden hier noch einmal die fünf goldenen Regeln wiederholt.

1. Jeden Tag zählen; das Punkte-Programm funktioniert nur, wenn wir den Überblick behalten.
2. Gute Absichten allein gelten nicht. Nur die Punkte zählen, die wir auch bereits erreicht haben.
3. Sechs Punkte am Tag, das ist schon super. Damit ist der Tag im Plus und darf gewertet werden.
4. Tage mit weniger als sechs Punkten werden nicht in die Wertung aufgenommen. Die vergessen wir ganz schnell. Ein Protokoll des Scheiterns – nein danke.
5. Bei 30 Plus-Tagen tönt der Gong: Super. 30mal bist du erfolgreich gewesen, kleine Pausen in den Alltag einzubauen. Damit ist die Extrabelohnung fällig.

Und am nächsten Tag fangen wir wieder von vorn an ...

Und was, wenn es nicht klappt ...?

Das Punkte-Programm ist, wie unser Alltag überhaupt, von grausamen Zufällen abhängig. Zwei Tage lang geht alles gut. Wir gönnen uns acht Stunden Schlaf, auf dem Nachhauseweg 15 Minuten Lektüre (unterwegs im Bus oder in der S-Bahn) und spät am Abend ein Lavendel-Vollbad. Macht glatt sechs Punkte – voilà.

Am nächsten Tag klappt es nicht mit dem Schlafen, dafür aber mit dem Sport, macht vier Punkte, und nach der Dusche noch eine Fußmassage ergibt zusammen: sechs Punkte.

Es geht ... Schon bilden wir uns ein, mit den Herausforderungen des Alltags irgendwie gelassener umzugehen. Aber bereits am nächsten Tag sieht alles anders aus. Ein Kollege wird krank, wir müssen ein von ihm angefangenes Projekt übernehmen, uns einlesen, mit Mitarbeitern verhandeln. Die Tage laufen Amok: Außerdem schickt uns der Wetterumschwung die üblichen Kopfschmerzen, und der Vater unserer Kinder ist auf Dienstreise. Keine Spur von acht Stunden Schlaf, kein Extraplausch am Telefon, keine ausgewogene Mahlzeit: statt dessen Hektik, Junkfood und Ärger.

Macht null Punkte fürs Konto ...

Am Wochenende ziehen wir Bilanz der zurückliegenden Tage. Zwei davon sind wunschgemäß verlaufen, drei überhaupt nicht. Was lernen wir daraus?

Auch das beste Programm ist zunächst erst mal nur ein guter Vorsatz. Anfällig also für alles, was Vorsätze zum Scheitern bringen kann. Unlust, Müdigkeit, Verhinderungen, Ärger, Streß, Konflikte in der Familie ... Aber, und das ist ein Merksatz: In dieser Phase aufzugeben heißt, dem Programm keine wirkliche Chance zu geben. Statt dessen gilt: Neuer Tag, neues Glück. Langsam, Schritt für Schritt, wird sich auch nach etlichen Rückschlägen eine Routine einstellen. Ein Aha-Erlebnis: Es geht, wenigstens ab und zu. Und vielleicht sogar öfter, als wir nach anfänglicher Desillusion geglaubt haben.

Wenn wir dann, nach Ausprobieren und Testphase, von einer Woche schon drei Tage mit der eingekreisten «6» festhalten, kommen wir uns ziemlich fortgeschritten vor. Dann läßt sich auch mal eine magere Woche verkraften, die nur einen geglückten Tag bringt. Wie gesagt: Wir haben gelernt, pragmatische Lösungen zu finden. Und deshalb kennen wir keine Rückschläge, sondern nur die neue Herausforderung.

Wie wenig Mühe es mitunter macht, am Morgen, am Mittag oder am Abend kurz mal etwas für uns zu tun, zeigen die folgenden Kapitel.

Das fühlt sich gut an

Verwöhnungen, äußerlich anzuwenden

Bewegung: Was man Wellness nennt

Mit dem Sport ist es ähnlich wie mit dem Sex: Da wird unheimlich angegeben. Fit sein gehört irgendwie dazu, und daher behaupten 60 bis 70 Prozent aller Deutschen, sie seien sportlich aktiv. Beim näheren Hinsehen besteht diese Aktivität darin, daß sie einmal ihre Unterschrift unter das Aufnahmeformular eines Studios gesetzt haben, dann ins Sportgeschäft gegangen sind und sich einen Gymnastikbody oder eine Radlerhose angeschafft haben. Das sportliche Schuhwerk ist in der Regel sowieso vorhanden. Ja, und dann ist meist schon Schluß, es bleibt beim guten Vorsatz, das Trägheitsmoment behält die Oberhand.

Schuld daran war lange Zeit auch die verschworene Gemeinschaft der Sportmediziner und Fitneß-Trainer. Nach dem Grundsatz «Viel hilft viel» stellten sie Regeln auf, die jedem Untrainierten den Schweiß auf die Stirn treiben konnten. Viermal pro Woche, mindestens eine Stunde, sonst könnte man es gleich bleibenlassen, so etwa. Nichts als ein raffiniertes Manöver, um unter sich zu bleiben und nicht den Anblick untalentierter Couch-Potatoes in Leggings und Stretch-Top ertragen zu müssen.

Inzwischen hat sich herumgesprochen, daß hartes Training nicht der Weisheit letzter Schluß ist. Schon anderthalb Stunden Bewegung pro Woche stabilisieren die Immunabwehr und beugen dem Herz-Kreislauf-Kollaps vor. Ganz realistische Experten wie Dieter Lagerstrøm von der Kölner Sporthochschule gehen davon aus, daß schon Treppensteigen, Radfahren, ja selbst kleine Fußmärsche ausreichen, um die bösen Folgen des totalen Bewegungsmangels auszubügeln. Alles, was den Kreislauf auf Touren bringt, kommt gerade recht. Solange es nur oft genug drankommt.

Aber was heißt oft genug? Die Sportmediziner sind uneins darüber, wieviel dieser Nebenbei-Bewegung denn ausreicht, um einen positiven Dauereffekt zu erreichen. Einmal beim Treppensteigen aus der Puste kommen, das kann es tatsächlich nicht gewesen sein. Blutdruck, Belastungsfrequenz und die Geschmeidigkeit der Muskeln lassen sich relativ einfach verbessern.

Für den Aufbau der Muskelkraft ist damit noch nichts getan, und gerade die ist für Frauen von erheblicher Bedeutung. Wenn nämlich der Hormonhaushalt umgebaut wird, droht unweigerlich die gefürchtete Osteoporose, und diese Knochenerweichung kann allein mit verbesserter Muskulatur einigermaßen im Griff gehalten werden. Es gibt außerdem Untersuchungen, die nachweisen, daß die gesamte Konstitution bei Bewegungsmuffeln anfälliger ist. Sie sind häufiger erkältet, ihre Bronchien sind empfindlich, und das untrainierte Herz pumpt weniger Blut durch die Gefäße.

Für Mütter am Rande des Nervenzusammenbruchs ist Sport erst einmal ein lästiges Pflichtprogramm. Da wir meistens unseren Tageslauf nur bedingt steuern können, ist Sport mit grausamer Hetze verbunden: aus dem Büro nach Hause flitzen, mit den Kindern Abendbrot essen, sie in die Schlafanzüge stecken. Hoffen, daß der Babysitter zur Abwechslung pünktlich erscheint. Schnell selbst in die Sportklamotten steigen, wenigstens noch jedem fünf Minuten vorlesen, und dann aber ab durch die Mitte, jede gelbe Ampel ist mein Freund.

Dieses Ritual, vertraut und verhaßt, hatte ich bislang immer als ein eher lästiges Muß gesehen. Jedenfalls diese turbomäßigen Begleitumstände. Das Training selbst war nicht das Problem, die 60 Minuten, das spürte ich, tun mir einfach gut. Jeder einzelne Muskel ruft «Hier!», jeder ist einmal durchgearbeitet worden, der Kreislauf in Schwung gebracht, ich fühle mich toll durchblutet und richtig ausgewrungen – ein Kontrastprogramm zur Schreibtisch-Hockerei, wunderbar. Nur das Vabanquespiel vorweg, siehe oben, das brachte mich aus der Balance.

Aber wer sich regelmäßig Bewegung zumutet, kann es bestätigen: Der Trainingseffekt kann süchtig machen. Länger durchhalten, ohne aus der Puste zu kommen, Bewegungsabläufe lernen, Muskulatur aufbauen, hey! Das schüttet die körpereigenen Endorphine gleich in der Klinikpackung aus ...

Ich kann aus dem Stand etliche Frauen aufzählen, die eigentlich entschlossen sind, sportlich in Schwung zu kommen. Aber, paradox genug, gerade das unglaublich vielfältige Angebot, das heute zumindest in größeren Städten üblich ist, wirkt abschreckend auf sie. In die Bodybuilding-Studios trauen sie sich nicht, aus Angst vor den aktiven Muskelprotzen beiderlei Geschlechts, die Neulinge höchstens verächtlich aus den Augenwinkeln mustern. Auch zum Joggen gehört anfangs ein gewisser Trotz. Einfach laufen, auch wenn die doofe Nachbarin guckt ...

Wie also um alles in der Welt findet man die Sorte Bewegung, die sich in einen zum Platzen angefüllten Terminkalender einbauen läßt, effizient ist und auch noch Spaß macht? Dabei ist auch das Wie und Wann eine Herausforderung. Manche kommen gut damit klar, einen festen Termin pro Woche für die Fitneß zu reservieren. Anderen ist es wichtig, diesen Programmpunkt dazwischenschieben zu können, wenn sich eine Gelegenheit ergibt. Dann aber fehlt meist der Bezug zu einer eingespielten Gruppe, beim Schwimmen, beim Joggen oder im Aerobic-Kurs.

Es folgen einige Anregungen für die gute Idee, in Bewegung zu kommen. Selbstverständlich ist die Liste nicht vollständig, außerdem habe ich nicht alle diese Möglichkeiten selbst getestet. (Das hätte die Recherche für dieses Buch um ein weiteres Jahr verlängert.) Die Beschreibung der Vor- und Nachteile stammt von kompetenten Kolleginnen, Freundinnen und echten Fitneß-Junkies, die alles ausprobieren, was es Neues auf dem Markt der Bewegung gibt.

Schwimmen: gilt nach wie vor als Klassiker für die Wirbelsäule. Allerdings nur, wenn man krault oder auf dem Rücken schwimmt. Brustschwimmen ist weniger ideal, weil meist der Kopf aus dem Wasser gesteckt und somit die Halswirbelsäule überlastet wird. Lästig: Schwimmbäder sind häufig so gut besucht, daß ungestörtes Bahnenschwimmen nicht ohne weiteres möglich ist. Umziehen, Duschen vorher, Duschen hinterher, und dann noch die nassen Haare ... Das sind Zeitfresser, die eher nervös als fit machen können.

Jogging: Der Hit für alle, die zeitlich flexibel bleiben wollen. Laufen ist toll, weil zusätzlich zur Bewegung jede Menge Sauerstoff aufgenommen wird, und das ist ein weiteres Energiepolster. Aber: Wer bereits Probleme mit den Gelenken hat, muß vorsichtig sein. Wichtig sind auch die Dehnübungen vorweg und daß man langsam in Trab kommt, ohne zu überdrehen. In der dunklen Jahreszeit sieht man meist nur den harten Kern der Jogging-Fans durch die Parks traben. Kälte, Nässe und Regen heißt es entschlossen links liegenzulassen. Deutlicher Nachteil: Auf Asphalt leiden die Gelenke, und Lärm und schlechte Luft in der Stadt sind auch keine idealen Begleiter.

Walking: Das hieß früher einfach stramm spazieren-
gehen. Ist natürlich viel schonender als Jogging und
vor allem ideal, wenn man lange sportabstinent war
und wieder einsteigen will. Es sollte aber schon eine
gewisse Strecke geschafft werden (ca. 4,5 Kilometer
in 45 Minuten) und möglichst nicht unbedingt entlang der vierspurigen Ausfallstraße. Merke: Das
Auge wandert mit. Walken kann jeder für sich; das ist
ein Vor- und ein Nachteil.

Radfahren: Nicht schlecht, weil es ebenso wie Jogging
oder Walking zeitlich flexibel einzusetzen ist – je
nach Wetterlage und Tageszeit. Wer nicht gerade im
Oma-Gang trödelt, tut etwas für die Kondition und
stärkt noch dazu Po- und Beinmuskulatur. Radfahren
ist netter zu den Gelenken als Jogging, und auch für
das Auge bietet sich einfach mehr, wenn man etwas
schneller unterwegs ist. Deutlicher Nachteil allerdings: Bei Regen, Schnee und Nebel ist Radfahren
dreimal unerfreulicher als Joggen; da kann man wenigstens noch in eine Art Hypnose-Trott verfallen
und das schlechte Wetter einfach ignorieren.

Aerobic: Die klassische, von Jane Fonda vor 15 Jahren
populär gemacht Figurgymnastik hat sich in zahlrei-
che Spezialdisziplinen gesplittet. Da gibt es Slide-
Aerobic (sieht ähnlich wie Schlittschuhlaufen aus)
und Step-Aerobic (Treppensteigen, ohne hochzukom-
men), Aerobic mit Hanteln oder mit dem Elastik-
Band, Aerobic in Verbindung mit Ballett oder Jazz-
Dance. Und außerdem gibt es, das wird viel zu selten
verraten, große Unterschiede bei den Dozenten. Welche Voraussetzungen sie mitbringen, wie groß die

Gruppen sind, die sie leiten, ob sie Ahnung haben, wie Fehler korrigiert werden (die genau das Gegenteil des erwünschten Trainingseffektes erreichen können) – das läßt sich nur selbst testen. Eine Probestunde ist aber bei fast allen Studios selbstverständlich, und der Wettbewerb ist scharf. Einmal in der Woche eine Stunde – das ist schon bestens, wenn es regelmäßig durchgezogen wird. Die meisten Aerobic-Anhängerinnen betonen, die Gruppe törne sie an und helfe, den inneren Schweinehund zu besiegen.

Bodybuilding: Manche schwören auf die eisernen Maschinen. Vor allem anfangs, wenn das Schnaufen und Rattern der Gewichte noch ungewohnt klingt, fühlen sie sich stärker, als sie sind ... Und wenn man professionell angeleitet worden ist, kann es Spaß machen, weil in dieser Sportart die Erfolge tatsächlich meßbar sein sollen, an den Armen, am Oberkörper, an den Beinen und am Po. Weil Fitneß ja auch irgendwie sexy ist, kommt das manchen Frauen sehr entgegen. Die Bewegung selbst ist allerdings ziemlich stumpfsinnig. Nie vergessen werden darf das Aufwärmen vorher. Größter Vorzug: Man kann kommen, wenn Zeit ist.

Wirbelsäulengymnastik: Probleme mit dem Rücken sind heute so weit verbreitet, daß diese Art von Spezialgymnastik fast für jeden sinnvoll ist. Angeboten wird sie inzwischen nicht nur von Studios, sondern auch von Krankenkassen und Krankengymnastinnen. Das macht auch Sinn, weil vor allem bei vorgeschädigter Wirbelsäule falsche Bewegungsabläufe zu Verschlimmerung führen können. Der Trainingseffekt läßt mitunter auf sich warten – nichts für Ungeduldige. Und wegen der orthopädischen Note auch nichts für diejenigen, die eher Spaß haben und sich amüsieren wollen.

Tai Chi / Qui Gong / Power Yoga etc.: Seit die Asienwelle rollt, liegen auch fernöstliche Sport- und Bewegungsriten schwer im Trend. Mit harmonischen Bewegungen sollen im Zeitlupentempo die Muskeln und Gelenke geübt und geschmeidig gemacht werden. Verspannungen sollen sich lösen, und außerdem können die inneren Organe neue Energie tanken. Ob das funktioniert, hängt auch vom Schwierigkeitsgrad ab. Viele, die von der meditativen Qualität dieser Angebote fasziniert sind, stellen fest, daß die Frustschwelle für Anfänger ziemlich hoch ist. Beim Power Yoga werden die bekannten Grundübungen beibehalten, aber in fließendem Ablauf eingebaut in eine längere Sequenz. Ganz wichtig dabei ist das richtige Atmen, das die Entspannung fördert und Verspannungen löst. Das Ziel ist eine harmonische Verbindung zwischen Krafttraining und Stretching.

Pilates-Training: Die vor mehr als sechzig Jahren von Joseph Pilates entwickelte Trainingsmethode war lange Zeit ein Geheimtip für Profitänzer, die einen Ausgleich suchten. Auch Jil Sander reist nie durch die Welt ohne ihr aufklappbares Trainingsbänkchen. In Pilates-Studios geht es beinahe so meditativ zu wie bei der Fernost-Fitneß. Was allein schon daran liegt, daß jeder Pilates-Jünger stets von einem Eingeweihten angeleitet wird (teuer …). Die Muskeln werden an speziellen Geräten trainiert, die mit ihren Seil-

zügen und Federmechanismen ein wenig so ausse-
hen, als hätte sie schon Leonardo da Vinci skizziert.
Der ganze Körper soll mit einbezogen werden, selbst-
verständlich ist auch die korrekte Atmung wichtig.
Der Nachteil liegt auf der Hand: Es gibt nur wenige
Studios, in denen Pilates unterrichtet wird.

Tennis / Squash: Dabei kann man sich wunderbar
verausgaben, und das satte Plopp, wenn der Ball
richtig auftrifft und wieder zurückgejagt wird, ist ein
Geräusch, von dem man nicht genug bekommen
kann. Super, um auf alles einzudreschen, was uns
fertigmacht. Dazu bestes Lauf- und Konditionstrai-
ning; ein nicht zu leugnender Nachteil ist, daß diese
Sportarten nur zu zweit ausgeübt werden können.
Eine Chance mehr, daß es nicht klappt, weil außer
mir selbst auch noch ein anderer gerade Lust und
Zeit haben muß. Für berufstätige Mütter ein dicker
Minuspunkt.

Skating: Muß eindeutig zu den Fun-Sportarten gezählt
werden, bei denen das Gesehenwerden mindestens so
wichtig ist wie das Gemachthaben. Wer schon über
zwanzig ist, sollte sich nicht ohne genaue Instruktion
auf die Straße wagen; die Verletzungsgefahr ist dramatisch hoch. Wer es aber beherrscht, schwärmt von
den fließenden, fliegenden Bewegungen, von Luft,
Wind und Sonne und einem Hochgefühl, das Flügel
zu verleihen scheint.

Inzwischen wissen Mediziner, daß Bewegung bei psy-
chisch kranken Menschen heilende Wirkung haben
kann. Sie lernen, sich selbst zu spüren, knüpfen wieder

Kontakt, ohne viel reden zu müssen; Kreislauf und Stoffwechsel werden angekurbelt und können dazu beitragen, daß sich depressive Stimmungen aufhellen. Wenn das sogar bei Kranken funktioniert, muß es doch Gesunden erst recht guttun, oder? Und noch ein Gedanke, der hierher gehört: Mehr als früher müssen wir im Auge behalten, daß unsere Kinder sich ausreichend bewegen. Eine durchschnittliche Großstadt-Kindheit schränkt die natürliche Lust am Herumtollen, mit der jedes Kind ausgestattet ist, dramatisch ein. Alles zu eng, zu dreckig, zu gefährlich. Schon im Kindergarten fallen bei Reihenuntersuchungen Fünfjährige auf, die keinen Purzelbaum schlagen und nicht mehr rückwärts gehen können. Rennen, schaukeln, wippen, balancieren, hüpfen, klettern – alles das trainiert Balance und Feinmotorik. Ein Kind, das keine Gelegenheit dazu hat, zeigt ein unterentwickeltes Körpergefühl und ist womöglich wahrnehmungsgestört.

Also: Wann immer sich die Gelegenheit ergibt, sollten wir uns auch mit den Kindern gemeinsam in Schwung bringen. Fußball spielen, Fangen und Verstecken draußen, im Sommer schwimmen gehen, gemeinsame Radtouren unternehmen. Für Toddler und auch noch für Dreijährige sind alle Arten von Kletterei, mit Stühlen, Hockern, kleinen Tischen und Kisten, eine Anregung (sie hassen es nur, wenn die Abenteuerlandschaft wieder abgebaut wird). Später ist jede Art von Ballspiel super. Knöpfchen brachte eines Tages aus der Schule einen Spaß namens «zehntes Gebot» mit, und plötzlich tauchte es auch aus meiner Erinnerung wieder auf. Alles, was dazu nötig ist: ein Ball und eine Wand.

Dann heißt es werfen und fangen, und jede Runde wird ein bißchen schwieriger. Erinnern Sie sich? Auch Seilspringen und Federball stehen hoch im Kurs.

Sie waren noch nie eine Sportskanone und finden es nicht lustig, sich von Ihren Kindern abhängen zu lassen? Das macht denen aber gerade Spaß ... Es war ein herrlicher Triumph, als Knopf mir seinen ersten Kopfsprung vormachte – ich selbst habe ihn nie gelernt. Wichtiger als die Performance ist das Zusammenspiel von Bewegung, Austausch, Anstrengung und Entspannung hinterher.

Weil wir beim Toben und Tollen mit den Kindern ihre Bedürfnisse voranstellen sollten, ist das allerdings kein Ersatz für unser eigenes Sportprogramm. Aber wer jahrelang Bewegungsmuffel war, könnte diese Gelegenheit beim Schopf packen, das zu ändern.

Zum Erlebnis Sport gehört das Hinterher. Wenn die Muskeln ihre Sauerstoffdusche gehabt haben, macht sich dieses wohlige Gefühl gesunder Erschöpfung breit. Am besten genießen läßt es sich bei einem faulen Bad in der Wanne, mit einem Kräuterzusatz, Lavendel oder Kastanie. Hinterher eine Lotion, ein Körperöl, vielleicht gar noch eine Fußmassage – das ist Genuß pur. Und meist ist auch der Schlaf nach dem Sport besonders tief und erholsam.

Ernährung: Die weibliche Energiebilanz

Ob coole Singles, erfolgreiche Karrieretypen oder bodenständige Muttertypen – die meisten Frauen sind außerstande, einen kühlen Kopf zu behalten, wenn es ums Essen geht. Viele von uns sind gefrustet durch eine Unzahl von Diäten, Mißerfolgen, Reglements und Figursorgen, die sich im Lauf der Jahre unentwirrbar verknäult haben.

Hunger ist nicht gleich Hunger. Hunger beißt oder dröhnt, zieht oder brennt. Ein Teil von uns? Niemals. Sonst könnten wir uns doch nicht so vor ihm fürchten. Sonst müßte sie doch beherrschbar sein, diese dumme Sucht nach Süßem, nach einem dicken Teller Pasta mit Sahnesauce, nach einer doppelten Portion Tiramisu. Nein, der Hunger, das ist das Tier in uns, ein unbeherrschbares Erbe unserer jahrtausendealten Entwicklungsgeschichte.

Wir können uns noch so fest vornehmen, vernünftig zu essen – das Unbewußte kann diese Vorsätze mühelos sabotieren. Essen verschafft ganz andere Befriedigungen als einfaches Sattwerden. Die Ambivalenz ist das Problem, und jede von uns hat es erlebt. Manchmal als glückhaften Zustand: ein harmonischer Abend mit Freunden, man hat zusammen gekocht, hockt beim Wein und genießt nebenher, was da zusammengebrutzelt worden ist. Ein Picknick im Grünen, wie kann man den Sommer schöner feiern? Oder die berühmten Festessen in der Familie, die sich Stunden hinziehen, mit Geschichten, mit Reden und dröhnendem Gelächter?

Es gibt aber auch diese düsteren Eß-Lagen. Denn wenn nichts mehr geht, dann bringt das Essen Glück. Wir futtern an gegen Streß und Frust, gegen die Lebensangst und den Termindruck, die schwierige Beziehung oder die Leere, wenn das Kind im Bett ist und der Liebesfilm so traurig.

Die Grenzen zu krankhaftem Verhalten sind dabei

wohl eher fließend. Unsere Wachsamkeit den Eßstörungen gegenüber ist größer geworden. Dennoch verdient nicht jede abendliche Kühlschrank-Freßattacke den Namen Bulimie. Was das Problem verschärft, ist die von Wissenschaftlern bestätigte These, daß unser Eßverhalten früh geprägt wird und später nur schwer verändert werden kann. Studien haben nachgewiesen, daß gestillte Säuglinge später als Kinder und Erwachsene besser erkennen, wann sie genug gegessen haben und satt sind. In den Jahren des Wachstums wird festgelegt, wie viele Fettzellen im Körper gebildet werden und uns ein Leben lang begleiten ... Prost Mahlzeit.

Insofern ist die alte Entschuldigung: Ich bin eben ein guter Futterverwerter und lege alle Kalorien an, gar nicht so verkehrt. Manche können jeden Tag eine Tafel Schokolade verdrücken und nehmen kein Gramm zu. Ein schlanker Körper steigert dann mal kurz die Wärmeproduktion, und schon sind die überzähligen Kalorien verbrannt.

Sich vernünftig zu ernähren, gesund und doch auch mit Genuß, hat mit unserem Unterbewußtsein und unserer inneren Harmonie zu tun. Deshalb ist es nicht verkehrt, den bewußten Umgang mit uns selbst auch auf das Thema Ernährung auszudehnen.

Denn gerade für uns Alltags-Hochleistungsmaschinen kann die Ernährung auch über unser Leistungspotential entscheiden. Aber natürlich sind tausend Sachen tausendmal wichtiger als das blöde Essen. Daß die Kinder fit und fröhlich sind. Daß wir vor dem nächsten Schnee endlich die Winterstiefel kaufen für Knöpfchen. Daß das knifflige Manuskript in Gang kommt ... Daß am Wochenende der Ausflug in den Schnee, den Knopf und Knöpfchen sich gewünscht haben, zwischen alles zu Erledigende eingeschoben wird.

Aber Rezepte wälzen, in drei verschiedenen Läden einkaufen, aufwendig kochen, den Tisch zur Tafel dekorieren? Da können wir doch nur kichern. Das muß zackzack gehen, auftauen, Mikrowelle, Spülmaschine, Ende.

Je effizienter wir die Routine bewältigen, je besser es uns scheinbar gelingt, die eigenen Bedürfnisse an die letzte Stelle zu rücken, desto raffinierter die Strategien des Unterbewußtseins. Denn selbstverständlich lauert da in uns die Sorge, körperlich den Herausforderungen nicht standzuhalten. Auch das kann einer der Gründe für den hektischen Imbiß sein, für den mit schlechtem Gewissen auf dem Weg nach Hause verdrückten Schokoriegel, für den Käsetoast abends um zehn. Wenn schon keine vernünftige Ernährung klappt, soll wenigstens der Blutzuckerspiegel einen Kick bekommen.

Unsere Kräfte sind begrenzt. Das ist eine Binse, aber wir sollten sie uns ab und an ins Gedächtnis rufen. Unsere innere Energiebilanz läßt sich nicht durch rationale Argumente steuern. Wenn wir im roten Bereich vor uns hinfunktionieren, lustlos, verhalten aggressiv und ohne großen Schwung, dann meldet sie sich. Und zwar ziemlich deutlich: mit Kopfschmerzen, Müdigkeit, mieser Laune. Vielleicht beginnt es auch plötzlich, ziemlich gemein im Ohr zu piepen ... Tinnitus heißt diese Krankheit, und sie breitet sich nach Aussage von Hals-Nasen-Ohren-Ärzten beunruhigend schnell aus. Oder unser Immunsystem bricht mal eben zusammen, wir werden krank. Typisch in dieser Situation sind auch Unfälle aus Unachtsamkeit, stolpern, stürzen, schwindelig werden. Alles Leuchtraketen aus der Überwachungszentrale: Hör auf mich! Hör mal auf!

Ich glaube, das kennen wir alle, wir hektischen Supermamis. Ist es demnach überhaupt realistisch, die Ernährung einzubauen in das Punkte-Programm? Hat sie da überhaupt etwas zu suchen?

Ich meine, ja. Weil viele Frauen damit so schwer zurechtkommen. Weil es immer wieder mit Versagens- und Schuldgefühlen besetzt ist. Weil mitten im ganz normalen Wahnsinn, der so harmlos Alltag heißt, die besten Vorsätze über den Haufen purzeln.

Andererseits: Ist das nicht eine Chance, über den Umweg der Belohnung eingefahrene Gewohnheiten zu verändern?

Ist es nicht bezeichnend, daß wir uns überhaupt keine Gedanken über richtig oder falsch machen, wenn wir frisch verliebt sind, guten Sex haben und uns rundum wohl fühlen in einer Beziehung?

Der Zusammenhang von Essen und Seele wird da so augenfällig wie kaum sonst. Plötzlich hören wir auf, die dummen Kalorien zu zählen oder die ganze Tafel Schokolade auf einen Rutsch zu verdrücken. Wir spüren instinktiv, was wir brauchen und wieviel davon uns guttut. Und Schluß. Leider – wer wüßte es nicht – dauern diese glückhaften Phasen nie besonders lange.

Kein Appetit auf Diät? Glückwunsch! Als erstes sollten wir uns verabschieden von der Idee, mit Ende Dreißig noch einen Körper wie mit 22 haben zu können. Das wird auch mit der konsequentesten Diät nicht klappen. Und außerdem stehen wir in einem Abschnitt unseres Lebens, in dem es auf ganz andere Leistungen ankommt. Bei Crash-Kuren verliert der Körper zunächst einmal reichlich Wasser. Als nächstes räubert er die Eiweißdepots in den Muskeln; was stoffwechseltechnisch gesehen viel simpler ist als die Fettdepots zu knacken, an die er sich erst etwa nach vier bis fünf Diättagen erinnert. Das ist das ganze Geheimnis, warum wir höchstens Muskeln statt Fett verlieren, wenn wir uns 1000 Kalorien am Tag genehmigen und dabei auf dem Sofa lümmeln.

Um Muskeln, Gelenke und Sehnen aufbauen zu können und arbeiten zu lassen, braucht der Körper Energie, also Kalorien. Für die Figur ist es also viel sinnvoller, wenn wir essen und uns bewegen, statt zu hungern und schlaff herumzuhängen. Der Grundumsatz, die Energiemenge, die den Stoffwechsel in Gang hält, ist auch noch Stunden nach dem Sport erhöht. «Sport ist Mord – für die Fettzelle», hieß es einmal in der «Brigitte».

Genau besehen ist es tatsächlich Fett, das fett macht. Und Fett einzulagern ist für den Körper ein Kinderspiel, die Fettzelle wartet nur darauf. Kohlehydrate machen es ihm viel schwerer; sie machen satt, und manche behaupten sogar, sie machten glücklich. Wenn wir Kohlehydrate aufgenommen haben, kann ein bestimmtes Eiweiß, das Tryptophan, leichter das Gehirn erreichen und dort die Stimmung positiv beeinflussen. Also: Nudeln, Kartoffeln und Brot sind unsere Freunde.

Und noch ein anderer Gesichtspunkt spielt eine Rolle, wenn wir über die Wunschfigur und den Kampf gegen den Hunger nachdenken. Trotz bester Vorsätze enden mehr als 90 Prozent aller Diätversuche mit einem Mißerfolg. Die Pfunde kehren schneller zurück, als sie verloren wurden. Selbst eine sinnvolle, sanfte Diät läßt sich nicht durchhalten, wenn wir Streß haben. Denn damit würden wir unserem Hormonhaushalt und unserem Stoffwechsel eine zusätzliche Belastung zumuten. Ist es uns das wirklich wert?

Wir Heldinnen der Arbeit und der Familie brauchen einen Anstoß, um unsere Energiebilanz ausgewogen zu halten. Erst in den letzten Jahren haben Ernährungswissenschaftler erkannt, wie entscheidend Vitamine und Mineralstoffe für unseren gesamten Stoffwechsel sind. Und daß die Zusammensetzung unserer Nahrung sehr viel damit zu tun hat, wie leistungsfähig und widerstandsfähig wir sind, wie gut wir mit Infekten und Viren fertig werden und ob wir mobil und flexibel sind.

Hier folgen die vier wichtigsten Grundsätze für das, was ich der Einfachheit halber *Nervennahrung* nenne:

1. Möglichst niemals ohne ein richtiges Frühstück aus dem Haus gehen. Ich höre schon die Protestschreie an dieser Stelle: Dafür habe ich keine Zeit! Ich bekomme morgens sowieso nichts runter. Ich frühstücke viel gemütlicher am Schreibtisch im Büro. Alles soweit o. k. – aber die Morgenhetze ist die allerschlechteste Basis für die Tagesrallye. Erst einmal muß Energie gespeichert werden, ehe sie abgerufen werden kann.

Es muß ja nicht gleich Müsli mit Obst sein, das ist tat-

sächlich etwas für den harten Kern der Vortreff-
lichen. Aber ein Vollkornbrötchen mit Quark statt
Butter unter der Marmelade ist schon mal besser als
lappiger Industrie-Toast mit Nutella.

2. Einmal am Tag eine richtige Portion Obst oder Gemüse, nicht in Fett fritiert oder aus der Dose. Denn
   irgendwoher müssen die erwähnten Vitamine und
   Mineralstoffe ja kommen. Bananen finden Sie grau-
   sig? Dann halten Sie sich an Ananas oder Mango.

3. An Zucker, Fett und Alkohol sparen, und bei Kohle-
   hydraten richtig zulangen, das ist so etwa die erfolgreiche Grundformel. Sie sind die besten Energieliefe-
   ranten, machen satt und heben die Stimmung, und
   deshalb darf es gern mehr sein davon.

4. Ganz wichtig: ausreichend trinken – idealerweise
   Mineralwasser, Kräutertee oder verdünnte Obstsäfte.
   Weil der Körper das Signal «Durst» erst aussendet,
   wenn schon ein Notprogramm in Gang gesetzt wor-
   den ist, müssen wir uns selbst daran erinnern. Zwei
   Liter am Tag sind die richtige Menge. Bei Kaffee und
   Tee sollten wir uns lieber zurückhalten; die sind nicht
   so toll für die Haut und erweitern die Gefäße.

Und zum guten Schluß die gute Nachricht: Für jeden
Tag, an dem diese vier Regeln so halbwegs in die Reali-
tät umgesetzt werden konnten, schreibe ich dem Konto
vier Punkte gut.

Die da unten: Seht her, meine Füße

In unscrem fragmentarisch sortierten Körperbewußt-
sein spielen die Füße meist eine im Wortsinn unterge-
ordnete Rolle. Selbst gepflegte und auffallend gut ange-

zogene Frauen behandeln sie stiefmütterlich; im Sommer rächt sich diese Nachlässigkeit. Am Strand und im Freibad kommen die Unterdrückten ans Licht.

Dabei ist zum Beispiel eine Reflexzonenmassage eine Art Extra-Verwöhnung, die geradezu süchtig machen kann. Dahinter steht die (wissenschaftlich umstrittene) Theorie, daß alle Nervenbahnen im Fuß mit bestimmten Organen des Körpers in Verbindung stehen und über die Nervenpunkte beeinflußt werden können.

Angenehm: unter einer warmen Wolldecke liegen, eine Rolle unter den Knien, und die Füße kneten zu lassen. An manchen Punkten tut es etwas weh, dann schreie ich: «Halt!» Aha, sagt dann die kundige Masseurin. «Da haben wir's. Könnte es sein, daß du es mit den Mahlzeiten nicht so genau nimmst und meistens in Hetze ißt? Das war nämlich der Magen, den ich da gerade ein bißchen geärgert habe ...»

Eine solche Reflexzonenmassage zählt natürlich bereits zu den größeren Verwöhnungen. Hier und da läßt sich auch selbst etwas für die Füße tun. Eine Art Laienmassage, auch nicht ohne Effekt. Und die geht so:

Idealerweise ist erst einmal Zeit für ein kleines Fußbad, im Winter besonders angenehm. Ein paar Tropfen Zitronen- oder Orangenöl dazu, insgesamt die Chose nicht zu heiß angesetzt, und dann einfach wirken lassen. Eine Art Badepause, nur nicht mit dem Aufwand des Ausziehens, Wassereinlassens etc. verbunden. Fünf Minuten reichen. Gut abtrocknen anschließend, besonders zwischen den Zehen, und dann mit der Fußlotion oder auch einer normalen Hautcreme bewaffnet ein gemütliches Plätzchen gesucht.

Anfangs erliegt man gern der Versuchung, nebenher noch die Nachrichten zu sehen oder zu telefonieren. Besser, die Füße genießen die volle Aufmerksamkeit, sonst leidet die Konzentration, und am Ende nimmt man doch nicht so ganz wahr, wer wem in Bonn oder Berlin auf die Zehen getreten ist.

Gut massiert es sich auf einem Hocker oder einem Stuhl ohne Armlehnen, zu einer schönen Musik. Und zwar folgendermaßen:

- jeden Fuß je zehnmal nach außen und innen kreisen lassen
- alle Zehen zehn Sekunden lang schließen oder öffnen, also eine Art Faust machen
- mit der rechten Ferse die linke Sohleninnenseite, den «Fußbogen» reiben, 36mal, dann andersherum
- beide Fußsohlen fest aneinander reiben
- mit den Händen die Zehen einzeln heraus- und wieder herein«schrauben»; anschließend jeden Zeh einmal kurz ziehen
- je einen Fuß mit beiden Daumen von den Zehen zur Ferse hin kreisend massieren. Angenehm dabei ist, daß der Druck von oben und unten, also vom Spann und von der Sohle, her kommt und dosiert werden kann. Wenn sich die Füße erst einmal an diese Zuwendung gewöhnt haben, können bestimmte Stellen, die Innenwölbung zum Beispiel, gar nicht genug davon bekommen
- mit den Daumen die Sohle leicht ausstreichen, von der Ferse zu den Zehen hin.

Hinterher werden die Füße in dicke Wollsocken gesteckt, damit der Rest der Lotion gut einziehen kann.

Morgens: First things first

Dieses kleine Morgenprogramm dauert zehn Minuten. Sport? Nö, nicht so richtig. Eher ein Einstiegsritual in den Tag, das einen Grundton setzt. Natürlich, im Sommer fällt es leichter, den Wecker früh klingeln zu lassen (wenn Sie sicher sind, daß die kleinen Wadenzwicker noch träumen) und dann auch tatsächlich das Bein aus dem Bett zu heben. Dieser heikle Punkt ist gleich mit eingebaut – die ersten vier Übungen spielen sich im Bett ab.

Erstens: Die Zehen vorsichtig bewegen. Schön, wenn es ein bißchen knackt.

Zweitens: Die Finger spreizen, ein wenig strecken und in der Luft Klavier spielen.

Drittens: Das Schönste überhaupt. Noch einmal die Wärme unter der Decke spüren. Räkeln, strecken und gähnen. So tun, als hätten Sie heute überhaupt nichts vor und müßten angestrengt überlegen, womit der Tag sich um alles in der Welt wohl herumbringen ließe.

Viertens: In der Seitenlage rechts rollen, das obere Knie zum Kinn ziehen und wieder ausstrecken. Ein paar Mal, bis es langweilig wird. Das gleiche auf der linken Seite liegend.

Fünftens: Jetzt reicht der Schwung schon, um die Bettdecke zu lüften. Weg damit. Auf dem Rücken liegend Fahrradfahren, ganz locker, ohne Anstrengung.

Sechstens: Noch immer auf dem Rücken liegend beide Knie zum Körper hinziehen, das Kinn auf der Brust, die Hände umfassen die Knie. Einfach ein bißchen schaukeln, ganz locker. Das hat was, oder?

Siebtens: Noch einmal radfahren, aber diesmal rückwärts, die Knie zum Körper hin.

Achtens: Vorsichtig aufstehen, erst das rechte Bein,
dann das linke – und hopp!

Neuntens: Im Grätschstand stehen, die Arme über den
Kopf gefaltet, kleine Rumpfbeugen zum rechten und
zum linken Knie.

Zehntens: Zähne putzen. Und dabei vor dem Waschbecken die Füße abrollen.

Zum Fitwerden ist das nicht gedacht. Aber es tut dem
Kreislauf gut, so mit dem ganzen Körper aufzustehen.
So habe ich mir selbst einmal von Kopf bis Fuß guten
Morgen gesagt. Das mag ich. Und Kopf und Fuß mögen
es auch.

Schlafen, träumen: Ja da liegt's!

Kinder haben heißt für die meisten Erwachsenen, mit
einem schweren Schlafdefizit durch den Alltag zu wan-
ken. Zumindest in den ersten Jahren. Ist das eigentlich
ein Naturgesetz? Offenbar ja. Anfangs, weil das neuge-
borene Bündel sich beim besten Willen nicht an einen
Tag- und Nachtrhythmus gewöhnen kann. Später dann,
weil die meisten Krankheiten nachts ausbrechen; wer
kennt sie nicht, diese bleiernen Stunden zwischen zwei
und fünf, die mit Wärmflaschen und Fencheltee ange-
füllt sind, mit Inhalieren, Brust einreiben, Erbrochenes
aufwischen, Bettchen beziehen ... Bis wir dann irgendwann, draußen dämmert es schon, zurück ins eigene
ausgekühlte Bett und in einen erschöpften Tiefschlaf
fallen, aus dem uns dieses gemeine Weckerklingeln
reißt ... Oder weil immer wieder Entwicklungsphasen

mit düsteren Träumen und Ängsten einhergehen, die sich höchstens dadurch abmildern lassen, daß man Trost im Bett der Eltern findet.

Es ist jedenfalls eine ziemliche Herausforderung, das kindliche und das mütterliche Schlafbedürfnis halbwegs in Einklang zu bringen.

Ich kenne außerdem etliche Mütter, die erst spät am Abend, wenn ihre Kinder längst schon träumen, das Unvermeidliche erledigen, wozu im Tagestrubel keine freie Minute blieb: Rechnungen bezahlen, bügeln, Einkaufslisten schreiben, die eigenen Eltern anrufen ... Und schon ist es wieder 23.30 Uhr.

Auf Dauer läßt sich der eigene Körperrhythmus nicht hinter das Licht führen, denn unser Schlafbedürfnis ist individuell und genetisch programmiert. Ob wir durchschnittlich zehn, acht oder sechs Stunden pro Nacht brauchen, müssen wir einfach hinnehmen. Daran läßt sich höchstens vorübergehend mal herumfummeln. Notorische Langschläfer sollen, einer amerikanischen Untersuchung zufolge, eher extrovertierte Menschen sein, die in ihren wachen Stunden genau das gleiche Pensum leisten wie die oft so beneideten Kurzschläfer.

Ein zusätzliches Problem ist, daß wir unseren Wach- und Schlafrhythmus beinahe an jedem Wochenende durcheinanderbringen. Da wollen wir uns entschädigen für die kargen Arbeitstage, da wird gefeiert, ins Theater gegangen, hinterher noch auf einen Wein zusammen in die Kneipe, oder wir bringen Kind und Sack und Pack ins Auto, um nach ein paar hundert Kilometern superfit und frisch den lange vermißten Verwandten oder Freunden um den Hals zu fallen ...

Was lernen wir daraus? Unsere Kraft- und Energie-speicher laufen ja, bei dem Pensum, das wir uns nun einmal aufgehalst haben, sowieso nicht gerade über. Also tun wir gut daran, die Extra-Anstrengungen tatsächlich auf ein Minimum zu reduzieren. Natürlich ist es in Ordnung, am Freitag oder Samstag ein Extra einzuschieben, etwas, auf das wir uns richtig gefreut haben. Aber selbst das Ausschlafen am nächsten Morgen wird die zusätzliche Anstrengung nicht aufwiegen. Weil eben, siehe oben, der normale Schlafrhythmus dabei durcheinandergebracht wird.

Eine ideale Gegenstrategie ist der «Mikro-Schlaf». Schon wenige Sekunden absoluter Entspannung können helfen, das Gefühl der Erschöpfung zu vertreiben. Einfach irgendwo lang ausstrecken, Augen schließen, ruhig atmen und dabei das Schlüsselbund in der Hand halten. In dem Augenblick, da wir so entspannt sind, daß uns die Schlüssel aus der Hand fallen, haben wir die Mikro-Schlafphase schon durchschritten. Zugegeben, nicht für alle eine realistische Möglichkeit.

Eher schon läßt sich, jedenfalls für halbtags arbeitende Mütter und am Wochenende auch für andere, ein kleiner Mittagsschlaf einschieben. Die regenerierende Wirkung einer solchen Entspannungsphase mitten am Tag ist ja längst nachgewiesen. Zwanzig Minuten, längstens eine halbe Stunde – und erstaunt stellt man fest, wieviel leichter die Arbeit am Nachmittag von der Hand geht.

Professionelle Tagesmütter, die bis zu sechs wuselige Krabbler, Toddler und Taumler betreuen, haben das schon längst herausgefunden. Die werden mittags der

Reihe nach abgefüttert – und in die Reisebettchen verfrachtet. Gardine zu, Tür zu – und tschüs. Kaum sind alle hingelegt worden, ziehen sie sich selbst ins Schlafzimmer zurück, zum kleinen Schläfchen. Frieden im ganzen Haus, und nach einer Dreiviertelstunde beginnt der zweite Teil des Tageslaufs.

Wer regelmäßig körperlich aktiv ist, tut nicht nur viel für seine Leistungsfähigkeit und das Durchhaltevermögen, sondern hat meist auch einen guten Schlaf, behaupten die Schlafforscher. Das kennt jeder: Nie schläft es sich so gut wie nach dem Sport und der anschließenden Dusche.

Fazit: Gute Nacht! An Schlaf zu sparen wäre so ziemlich das dümmste, was wir uns antun können. Das geht auf die Leistungsfähigkeit, auf die Gesundheit und an die Nerven. Und damit tun wir weder unseren Kindern noch uns selbst einen Gefallen. Wer will schon eine bleiche Dulderin mit tiefen Augenringen als Mama??

Soll eine Nacht mit ausreichendem Schlaf mit Punkten belohnt werden? Das ist so eine Sache. Meine erste Reaktion ist: Nein, Schlaf ist schließlich keine Belohnung, sondern eine gesunde Selbstverständlichkeit. Andererseits: Wenn wir feststellen, daß aus welchen Gründen auch immer dieses elementare Bedürfnis ständig zu kurz kommt, dann ist es hilfreich, die Schlafenszeit in die Punktewertung einzubauen. Etwas so: Zwei Punkte für acht volle Stunden Schlaf. Sozusagen als Ausrufezeichen: Schlafen – nicht vergessen … Hin und wieder könnte sich auch ein Daddy daran erinnern, für die nächtlichen Bedürfnisse der Kleinen zu sorgen. Während Mama träumt.

Dünnhäutig? Gutes fürs Gesicht

Es gibt kaum einen schlimmeren Launekiller als das Spiegelbild, wenn die Haut zu klagen hat. Stumpf, fahl, schuppig, womöglich noch mit Rötungen verziert und tiefen Augenringen. «Du siehst aber schlecht aus», muß uns dann nur noch jemand sagen, und eine Welle von Selbstmitleid schwappt über. So kann es nicht weitergehen. Da aber das Müttergenesungsheim heute schon geschlossen hat und eine Schlafkur mindestens drei Wochen dauert, steht uns nur die kleine Lösung zu Gebot: die Beauty-Kur am Abend, wenn die Kinder schlummern. Die hier geschilderte Variante dauert nicht länger als zwanzig Minuten. Und bringt drei Punkte!

Als erstes wird Wasser aufgesetzt, und ein Kessel frischgekochtes davon mit ins Bad genommen. Tür zu, nicht stören bitte, Mama kurt. Nötig sind außerdem mehrere saubere Handtücher und verschwenderisch viele Wattepads. Die kommen gleich zum Einsatz. Denn als erstes wird das Gesicht gründlich gereinigt. Das Augen-Make-up sanft entfernen, die Reinigungsmilch zur Abwechslung etwas sorgfältiger auftragen und mit einem heißen Tuch wieder abnehmen. Nach Belieben mit Tonic klären. Dann flugs den Kessel mit heißem Wasser in eine große Schüssel gekippt, husch unter ein großes Badelaken und über die heiße Schüssel gebeugt. Wer es mag, kann ein paar Tropfen Kamille oder Kampfer hinzufügen, das kitzelt die Nase und tut auch gleich den Atemwegen gut, für die Haut ist es nicht so entscheidend. Gleich geht der Atem ruhiger. Fünf Minuten reichen, der Küchenwecker daneben weckt uns auf.

Aaah, das war schon mal nicht schlecht. Kleine Schweißperlen stehen auf der Stirn, die Poren sind schon geöffnet, und auch die Farbe ist wieder da. Jetzt ran an die unreine Mittelpartie, den fetten Mitessern geht es an den Kragen, vor allem die am Kinn leisten kaum noch Widerstand. Und auch die Augenbrauen lassen sich ganz leicht in Form zupfen.

Um die abgestorbenen Hautschuppen zu entfernen, kommt jetzt ein Peeling dran. Gute Arbeit leistet eine Peelingcreme mit winzigen Körnchen, die die obere Hautschicht abrubbeln. Wenn es ganz ordentlich sein soll, läßt sich das Peeling auch mit einer Gesichtsbürste einarbeiten. Muß nicht sein, finde ich, die kreisenden Bewegungen der Fingerspitzen tun es auch. Mit ganz viel lauwarmem Wasser abspülen – und schon fühlt sich die Haut hübsch glatt und leicht aufgepolstert an.

Zum guten Schluß die satte Maske. Damit die 20-Minuten-Frist nicht überschritten wird, soll es eine von den effizienten sein, eine Schaum- oder Gelmaske, eine sanfte Quarkmaske mit Honig oder meinetwegen auch eine von diesen sündteuren Ampullen. Sollte der Leichtsinn und der Egoismus jetzt über die Stränge schlagen, läßt man sich gleich noch eine heiße Wanne ein und steigt mit Maske verkleidet ins Wasser. Angeblich soll das die Wirkung der Kurbehandlung noch steigern. Wie gesagt, es muß nicht sein. Auch ohne zeigt uns ein Blick in den Spiegel hinterher: «Guten Abend, du Schöne.»

In den Labors der Kosmetikindustrie herrscht ein gnadenloser Wettbewerbsdruck, und alle paar Monate wird ein neuer Hit lanciert: Fruchtsäuren, konservierte

Vitamine, Liposome, Radikalenfänger und so weiter, die angeblich wahnsinnig straffend wirken, schon die ersten Fältchen ausbügeln und überhaupt die Uhr zurückdrehen können. Um Mißverständnissen vorzubeugen: Falten sind Falten, und jünger macht auch die teuerste Creme nicht, den Versprechungen zum Trotz. Aber eine einigermaßen sinnvolle und regelmäßige Pflege tut trotzdem gut. Nicht um die Jugend zu konservieren, sondern weil unsere Lebensbedingungen bestimmte Alterungsprozesse ziemlich dramatisch beschleunigen: zuwenig Schlaf, zuwenig Sauerstoff, zuviel Heizungsluft, nicht immer die ausgewogene Ernährung und womöglich noch regelmäßige Alkohol- und Nikotinzufuhr.

Mein Aha-Erlebnis hatte ich an einem Tag im letzten Winter, als ich mir etwas Gutes tun und eine ordentliche Nachtcreme kaufen wollte. Die Dame hatte ihr prüfendes Expertinnenauge auf mein Gesicht geworfen und gleich den dringenden Handlungsbedarf erkannt. «Hier», sie schraubte das Golddeckelchen eines Cremetiegels auf, dessen Inhalt an frisch geschlagene Sahne erinnerte. «Unsere neue Tenseur spéciale mit dem Super-Falten-Reducteur. Ihre Züge werden klarer, die Hautstruktur wird gestrafft. Übrigens gerade jetzt ganz ideal als Make-up-Unterlage, wenn wir draußen mit den Enkeln Schlitten fahren …» Mit den Enkeln, fragte ich tonlos zurück. Sie starrte mich an, ihr Lächeln schien plötzlich schockgefrostet worden zu sein. Ich dachte an Knopf und Knöpfchen. Rodeln gehen wir gern, aber bis zu den Enkeln habe ich wirklich noch Zeit.

An jenem Abend habe ich das oben aufgeführte Face-to-Face-Programm besonders sorgfältig durchgezogen. Als mir hinterher mein rosiges Spiegelbild entgegensah, dachte ich nur: «*Pah. Je ne regrette rien.*»

... und das noch besser

Alles, was die innere Balance stärkt

Abends: Der Heimkehrer-Blues
oder:
Abhauen wär 'ne prima Alternative

Jede Job-Mama kennt ihn, diesen kleinen Fluchtinstinkt, wenn wir nach einem vollgepackten Achtstundentag die Haustür aufschließen – und am liebsten auf der Stelle kehrtmachen und abhauen würden. Da türmt sich ein Haufen schmutziger Wäsche im Flur, im Kinderzimmer hat sich die Lego-, Playmobil- und Sticker-Welt in ein unentwirrbares Chaos verflochten, in der Küche lauert die halbausgeräumte Spülmaschine. Natürlich steht kein Abendbrot auf dem Tisch, wie es eigentlich mit dem Au-pair besprochen war, und auf kurzes Nachfragen stellt sich heraus, daß auch die Matheaufgaben nicht fristgerecht fertiggestellt werden konnten, weil ... Aber das interessiert uns schon gar nicht mehr.

Das Aufgabenpotential, das sich der Heimkehrerin hier mit Macht aufdrängt, nenne ich grimmig meine zweite Schicht. Wie oft habe ich mir schon vorgestellt, wie die Singles und Geschiedenen unter meinen Kollegen abends nach Hause kommen in stille, aufgeräumte Wohnungen, um erst einmal Musik aufzulegen, sich einen kleinen Drink zu genehmigen und dann zu zweit ein gepflegtes kleines Abendessen zuzubereiten. Und während im Topf die Pasta sprudelt, tauscht man sich aus – man denke, ohne Mahnen, ohne erhobene Stimmlage, ohne drittes Nachfassen – über die unvergeßlichen, ärgerlichen oder komischen Momente, die der Tag für uns bereithielt. Ich gestehe, daß ich neidisch bin.

Aber Jammern ist auch hier wieder einmal kein rechtes Heilmittel. Und so versuche ich einfach, die zweite Schicht hinter mich zu schaufeln, weil es eben sein muß. Wir *working mummies* haben die Einsicht verinnerlicht, daß bestimmte, alltäglich wiederkehrende Handgriffe und Erledigungen keiner macht, wenn wir sie nicht machen. Und nach einer Dreiviertelstunde sieht es ja schon ein paar Grad angenehmer aus: Die Waschmaschine schlappt und schlurcht, auf dem Tisch dampft eine Käsesuppe, die Blumenvase mit den stinkenden Strünken ist verschwunden, Knopf und Knöpfchen haben sich brummelnd herabgelassen, im Kinderzimmer eine zumindest oberflächliche Ordnung wiederherzustellen, und so nach und nach entsteht eine Atmosphäre, in der jeder, der mag, erzählen kann, was ihm heute Dummes passiert ist. Ein Part, der besonders gern mir zugeteilt wird. Ich weiß wirklich nicht, warum!

Von allen Herausforderungen meines Alltags kostet mich kaum eine soviel Kraft wie dieser abendliche Kampf um das zivilisierte Familienleben. Liegen dann eine Stunde später Knopf und Knöpfchen im Bett, versehen mit ein bißchen Kuscheln, ein bißchen Vorlesen, ein bißchen Kümmerchen erzählen – ja, dann habe ich manchmal das Gefühl, eine Art Drainage habe mir das innerste Mark sämtlicher Knochen abgesaugt. Mein ganzer Körper ist nur noch eine Art weicher, widerstandloser Masse, jetzt höchstens noch imstande, sich in eine heiße Badewanne fallen zu lassen oder gleich ins Bett. Wenn ich aber noch ein Restpotential Widerstandsgeist und Aufmüpfigkeit in mir verspüre, dann ist dies der Moment, wo ich gern «Tschüs!» sage. Ich rufe sozusagen meinen Fluchtinstinkt, den ich bei der Heimkehr so erfolgreich an die Kette gelegt habe, noch einmal ins Bewußtsein zurück. Und dann haue ich ab. Nur ein halbes Stündchen, rufe ich dem Vater meiner Kinder zu. Was brummt er da? Ich deute es einfach als Zustimmung.

Ich nehme das Fahrrad. Weil ich jetzt auch diesen Sauerstoff-Hunger spüre und die Luft ganz tief einatmen möchte. Weil ich mich von irgend etwas losstrampeln möchte. Weil ich wegwill, und zwar schnell; und weil ein Auto dafür jetzt nicht das richtige wäre.

Es ist nicht weit bis zu dem großen Park in unserer Nähe, der meist mein Ziel ist, zumindest solange noch ein Rest Helligkeit über den alten Bäumen und der großen Wiese liegt. Hundebesitzer führen ihre Kläffer aus, auf den Bänken kommen sich Verliebte näher, und ein Trupp Halbwüchsiger hat es sich mit Bierdosen auf dem Rasen bequem gemacht. Sie alle stören mich nicht. Ich will nur gucken. Gucken und ein wenig träumen.

Sie wußten schon, wie man Landschaft gestaltet, die Gartenarchitekten des 18. und 19. Jahrhunderts. Das

Wechselspiel zwischen fern und nah, zwischen Weite und Detail, von Einblicken und Durchblicken, von Linie und Fläche ist eine Art Harmonielehre für das Auge und die Sinne. Alle sind angesprochen, nicht nur das Sehen. Ich höre das Käuzchen oben in der alten Ulme, die Tauben gurren; ich rieche das feuchte Laub, die nasse Erde, das frischgemähte Gras oder auch den strengen Holunder. Irgendwann lasse ich mich auf eine Bank plumpsen, und dann spüre ich, wie die Anspannung sich ganz langsam löst. Jetzt ist es schon ziemlich finster geworden, der erste Stern blinkt; der Park hat sich geleert, und ich muß heim. Wieviel besser es mir geht als vorhin …

Nicht jeder hat das Glück, in seiner Nachbarschaft einen grünen Fluchtpunkt zu kennen. Auch in einem kleinen Gehölz oder auf einem alten Friedhof kann man kurz die Seele baumeln lassen. Auf dem Dorf ist es sowieso kein Problem, den nächsten Feldweg immer geradeaus zu nehmen, Hauptsache weg von der Bundesstraße. Aber selbst mitten in der Großstadt gibt es ja immer wieder Nischen zum Gucken und Verschnaufen; die Bank am Flußufer, die abgeschiedene Straße mit den schönen Altbauten, der Platz mit dem Brunnen in der Mitte, den Weg am Kanal oder ein versteckter Hinterhof, den ein grüner Daumen aufgepäppelt hat. Hauptsache, es ist ein Ort, der ohne großen Aufwand zu erreichen ist, der eine positive Ausstrahlung besitzt und den wir mögen.

Für mich ist außerdem wichtig, daß diese Flucht ein Frischluft-Unternehmen ist. Nach einem Arbeitstag im Büromief habe ich einen ausgesprochenen Sauerstoff-

Durst, und der wäre in einer verrauchten Kneipe, die sich womöglich ebenfalls als Fluchtpunkt anbieten würde, nicht gut zu stillen.

Selbstverständlich ist auch die Sache mit dem Fahrrad nur meine eigene Marotte. Wahrscheinlich tut es mir gut, meinen aufgestauten Tagesärger so richtig in die Pedale zu treten. Eine halbe Stunde Joggen, der Gang um den Block oder die Runde mit den Rollerblades ist gewiß ebenso lohnend. Bei dieser Unternehmung geht es allerdings nicht so sehr um die Fitneß, sondern mehr um den Abstand von zu Hause, um diesen Kick des Abhauens und Einfach-alles-Liegenlassens. Für ein halbes Stündchen tue ich so, als gäbe es meine Familie nicht ... Dieser Kick einer kleinen Flucht ist glatt drei Punkte wert.

Mentales Training: Die Unruhe abschalten
Ob wir unter Druck stehen oder gelassen sind, ist möglicherweise gar nicht allein von unserem Terminkalender abhängig. Natürlich gibt es Tage, die unsere volle Konzentration erfordern, weil alles auf einmal fertig sein muß, weil ein entscheidender Termin ansteht oder weil ein wichtiger Kunde unzufrieden ist.

Sind wir eigentlich nur Opfer der Erwartungen, die an uns gestellt werden? Oder können wir unsere Phantasie und Vorstellungskraft womöglich auch dafür einsetzen, den Streß zu reduzieren, und uns selbst zu einer entspannteren Einstellung verhelfen?

Es ist nicht nur allein die bewußte Ebene unserer Wahrnehmung, die unser Handeln bestimmt. Sehr viele Aktivitäten und Körperfunktionen, aber auch Stimmungen und Motivationen werden vom Unbewußten gesteuert. Wenn wir also erfolgreich diese Ebene beeinflussen, fällt es uns auch leichter, abzuschalten und zu entspannen.

Ständig entstehen im Gehirn meßbare Schwingungen, die man mit Hilfe eines Elektroenzephalogramms (EEG) auch als Kurve darstellen kann. Diese Wellen lassen sich verschiedenen Frequenzbereichen zuordnen. Sie werden nach griechischen Buchstaben sortiert: Delta- und Theta-Wellen kennzeichnen Tiefschlafphasen, während Beta-Wellen anzeigen, daß das Gehirn mit voller Konzentration arbeitet. Alpha-Wellen sendet das Gehirn im Zustand zwischen Schlaf und Wachsein aus, wenn wir locker und entspannt sind. Die Hirnforscher haben herausgefunden, daß wir in diesem Zustand besonders empfänglich sind für Erinnerungen, Vorstellungskraft und kreative Eingebungen. Dieses Potential müßte sich doch nutzen lassen!

Das in den vergangenen Jahren in Mode gekommene Mentaltraining, manche sagen auch Motivations-Training, arbeitet mit ebendieser Erkenntnis. Wir wissen, daß das mentale Training besonders bei Sportlern erstaunlich gut funktioniert. Nehmen wir etwa einen Hochspringer. Ganz entspannt im Sessel sitzend, stellt er sich mit geschlossenen Augen vor, wie er, die schwere Stange vor sich hertragend, Anlauf nimmt, schneller wird, den Stab in die Metallgrube bohrt, sich in die Höhe schraubt, der Latte da oben in fünf Meter Höhe entgegen, hinüberschwebt und in die weiche Matte fällt … Und jetzt kommt die Überraschung: Wenn er diesen Film immer wieder vor seinem inneren Auge abspielt, kann er damit tatsächlich seine Motorik verbessern; das ist eine Art imaginierten Trainings, mit dem sich reale Ergebnisse erzielen lassen.

Was können wir daraus lernen? Das Gehirn sortiert nicht immer genau nach Wirklichkeit und Vorstellung. Wir können daher uns selbst durch die Vorstellung positiver Bilder und Stimmungen Anstöße für die Entspannung geben. Und selbst wenn wir die körperlichen Reaktionen nicht bewußt nachvollziehen, sind sie doch nachweisbar. Genauso wie im Streßzustand der Körper Abwehrkräfte absorbiert, kann die Entspannung die Produktion von Immunzellen unterstützen.

Es kommt wirklich nicht darauf an, ob wir autogenes Training lernen, ob wir eine der östlichen Meditationstechniken einüben, Tiefenentspannung mit Hilfe einer CD ausprobieren oder was dergleichen Angebote mehr sind.

Wichtig ist zunächst eigentlich nur die Neugier auf diese Techniken. Eine davon auszuprobieren mit der Einstellung «Sowieso alles nur Esoterikkram» bringt nichts.

Wenn irgend möglich, sollte man sich in die Hände eines Experten begeben, also unter Anleitung lernen. Selbstverständlich gibt es seriöse, sorgfältig aufgebaute Ratgeber, also Buch, Video oder CD, die beispielsweise Tiefenentspannung in zehn Schritten lehren. Tatsächlich spricht einiges dafür, daß die persönliche Vermittlung in diesem Fall ziemlich unschlagbar ist. Einem Menschen gegenüberzusitzen, der mit seinem Wissen Laien und Anfänger bei den ersten Schritten begleitet und beobachtet, überzeugt und prägt stärker, als sich selbst etwas beizubringen.

Eine wichtige Einschränkung: Gerade auf diesem Gebiet tummeln sich ziemlich viele selbsternannte Gurus, die nichts als gequirlten Quark vermitteln. Wenn es zu esoterisch wird und die Räucherstäbchen dem Verstand den Garaus machen – dann hilft nur die Flucht. Und den nächsten Kurs gesucht. Aber dafür, ja natürlich, ist mal wieder keine Zeit, ich weiß. Also doch lieber das seriös aufgemachte Video? O. k.

Und nicht nach dem ersten Anlauf gleich wieder aufgeben, weil der versprochene Effekt sich nicht umgehend einstellt. Entspannung will trainiert sein, und mitunter dauert es tatsächlich Jahre, bis die einzelnen Schritte und Phantasiebilder so eingebrannt sind, daß man sich nicht immer wieder herausreißen läßt.

Wie lange übe ich mich jetzt schon mit dem autogenen Training? Zehn Jahre werden es sein. Es ist eine Geschichte des Auf und Ab. Gelernt habe ich es unter medizinischer Anleitung in einer kleinen Gruppe von drei Leuten. Damals war ich schwanger, und da wir in diesen Monaten sowieso über ein gesteigertes Sensorium verfügen für alles, was in uns vorgeht, fiel es mir leichter als erwartet, die Augen zu schließen und mich den Gedanken an meine schweren Arme, an das Blut, das durch die Gefäße strömt, an meinen Herzschlag und an meine Atmung hinzugeben.

Was in der Gruppe so spielerisch glückte, kostete zu Hause schon größere Mühe. Nach einigen Wochen fand ich mich schon ziemlich routiniert. Weil ich nur abends dazu kam, die Übungen zu machen, hatte ich allerdings ständig dagegen anzukämpfen, nicht im Lauf dieser zehn Minuten einzuschlafen. Und natürlich klingelte

gerade dann das Telefon, wenn mein linker Arm blei-
schwer herunterhing ...

Das wirklich Interessante beim autogenen Training
ist der spontane Einsatz in Augenblicken, in denen auf
die Schnelle Energie und Konzentration abgerufen werden sollen. Die echten Könner legen dann eine Art
Schnelldurchgang ein, wenn es sein muß auch im Stehen. Der dauert nicht länger als etwa zwei Minuten, und
hinterher ist man topfit, hellwach und jeder Herausforderung gewachsen.

Es gibt ja einen stillen Ort, der den totalen Rückzug
zumindest kurzfristig möglich macht. Und tatsächlich
bringe ich es ab und zu fertig, mitten im Zehnstunden-
tag für fünf Minuten auf dem Klo zu verschwinden, um
mir eine Prise AT zu genehmigen.

Es wirkt.

Punkte genehmige ich mir dafür aber auf keinen Fall!
Nur für die ungestörte kleine Session am Abend. Selten
genug. Und deswegen gibt es auch drei dafür.

Lektüre: Aussteigen für Minuten
Wie hieß dieser Schlager? «Halt die Welt an, ich will
aussteigen ...» Auch kleine Aussteigereien tun gut. Eine
der besten Möglichkeiten ist – Lesen. Keine Arbeits-
papiere, keine Börsenkurse (es sei denn, Sie sind eine
geborene Zockerin und betrachten dies als ganz besondere Entspannung). Bei der Auswahl soll das reine Lustprinzip regieren. Und es ist vollkommen nebensächlich,
wie lange diese Lektüre uns in Anspruch nimmt. Hauptsache, sie lenkt uns ab, erheitert oder zieht uns in eine
Welt hinüber, die nichts mit unserem Alltag zu tun hat.

Und allein schon dieser Wechsel ist ein Faktor, der Erholung schafft. Der kompensiert, was uns an Wechsel nicht mehr so leicht möglich ist, weil – nun ja, die Fakten sind bekannt.

Sich in einen Lieblingssessel zurückziehen, einen Tee, ein Glas Wein neben sich, und dann hinuntersteigen in schräge, komische, böse, haarsträubende Gegenwelten; es darf kein Muß dahinterstehen, und das Lustprinzip regiert unumschränkt.

Eine Zeitlang kommt es uns so vor, als finde Lesen überhaupt nicht mehr statt. Immer dicker wird die Staubschicht der Lektüre auf dem Nachttisch, immer seltener kommen wir dazu, überhaupt ein Buch aufzuschlagen. Sollten wir tatsächlich in der Buchhandlung stehen und uns locken lassen von einem Titel, flüstert gleich die resignierte Stimme drinnen: «Schaffst du ja doch nicht! Wann willst du das denn lesen? Der neue Cees Noteboom wartet nun auch schon seit drei Monaten, daß du über Seite zehn hinauskommst …»

Blöde Stimme. Ein Akt des Widerstands ist jetzt gefragt. Her mit dem Buch. Wollen wir doch mal sehen, ob das nichts wird. Nur ein Viertelstündchen. Ein Viertelsündchen – wäre das nichts? Abends, wenn die Kinder im Bett sind. Wie leicht bleiben wir nach den Spätnachrichten noch vor der Glotze hängen. Das ist der Moment! Jetzt heißt es, umschalten auf das andere Programm.

Die eine liebt anspruchsvolle Literatur, die andere hat es gern romantisch. Rosamunde Pilcher, fahle Rosen, steifer Damast, ist vielleicht ebenso richtig. Oder wir begeben uns am späten Abend noch auf die Nebenwege der menschlichen Psychologie und gönnen uns einen der spannenden Romane von Doris Gercke oder Petra Oelker. Was zählt, ist die Alltagsferne: Bloß nichts, was man «sowieso» lesen muß, aus welcher Pflicht auch immer.

Ich habe einen bestimmten Lieblingsplatz dafür reserviert. Und wenn ich mich dort niederlasse, am Abend oder auch mal am Wochenende, dann bin ich optimistisch genug, anzunehmen, daß vor mir mindestens eine ungestörte Viertelstunde liegt. Minimum! Und was gibt es dafür? Aber sicher: zwei Punkte.

Meine Freundin Karina, die mir das Programm abgeguckt hat (worauf ich enorm stolz bin), hat das Lesen durch Meditation ersetzt. Für sie ist das höchste, sich abends eine bestimmte CD einzulegen, die Tür zu verschließen, sich auf ihre Matte zu legen und Mantras vor sich hin zu murmeln. Manchmal, wenn der Tag sie besonders gebeutelt hat, ist sie darüber eingeschlafen. Die oberste Programmkontrollstelle hat entschieden, daß es dafür keinesfalls Punkte gibt. Denn das ist nur ein Zeichen völliger Erschöpfung, und dann kann die Viertelstunde Meditation nicht als Entspannung gewertet werden.

Musik: Jetzt hör mal zu

In den Jahren zwischen zwölf und Ende Zwanzig gehört Musik zum Lebensgefühl; jeder Liebeskummer wird mit einem No.-1-Song abgefedert, jedes Hochgefühl mit dem aktuellen Sommerhit bejubelt.

Irgendwann verändert sich das. Auch eine Folge der Mutterschaft? Wir bekommen die Charts nicht mehr mit, kennen die Dance-Hits kaum noch. Warum auch? Da kommen wir doch sowieso nicht mehr hin. Die ganze Szene spielt auf einem anderen Stern.

Inzwischen wissen wir, daß Musik auch therapeutisch auf das vegetative Nervensystem wirkt. Simpler ausgedrückt: Musik tut ganz einfach gut. Wenn wir sie auf eine besondere Art wahrnehmen. Natürlich können wir jeden Klang, jede Sequenz auf den Aufbau hin untersuchen, unser Ohr kann die Melodien der einzelnen Instrumente herausfiltern, wir achten auf Tempowechsel, Phrasierung und Interpretation.

Das ist nur das rationale Erleben von Musik; es gilt aber darüber hinaus die Ebene, die direkt auf unser Stammhirn, also den entwicklungsgeschichtlich ältesten Teil des Gehirns, und unser vegetatives Nervensystem einwirkt. Sie weckt Gefühle, Erinnerungen und Stimmungen, in die wir uns fallenlassen können, die uns helfen, innere Spannungen und Barrieren abzubauen und Emotionen hervorzulocken, die sonst niemals die rationale Barriere durchdringen.

Deshalb ist Musik ein ideales Hilfsmittel, um Alltagsstreß abzubauen. Die Klänge, ob es nun Softrock oder Mozart ist, entführen in eine Wahrnehmungsebene zwischen Wachsein und Schlaf, eine Ebene, die vielleicht dem Träumen vergleichbar ist.

Natürlich sollte es nicht irgendeine Musik sein, die gerade Radio Energy aufgelegt hat. Besonders gut tut die Art von Musik, die wir schon länger lieben. Meditationsmusik gibt es inzwischen in etlichen Varianten; bei vielen weckt sie eher Widerwillen wegen der nervtötenden Gleichförmigkeit ihrer verwischten Tonfolgen. Vertrautes funktioniert besser, vor allem, wenn es eher langsame Stücke sind.

Soll es Klassik sein, bleibt man besser beim Soloinstrument, als ein großes Orchesterwerk aufzulegen. Je komplizierter die Partitur, desto größer die Versuchung, doch wieder mit den Ohren zu hören und nicht bloß mit dem gefühlserfahrenen Stammhirn. Gern empfehlen Klassikkundige Mozart, ein Klavierquartett etwa, ein paar Sätze aus dem Wohltemperierten Klavier von Johann Sebastian Bach oder Gassenhauer wie die Mondscheinsonate von Beethoven. Für Ratlose werden fertige Klassiksampler angeboten, mit Titeln wie «Die schönsten Adagios» oder «Zwischen Tag und Traum». Das von Yehudi Menuhin in Paris gegründete Institut für Musiktherapie bringt eigene CDs heraus («Musik zur Gesundheit»).

Aber auch Filmmusiken funktionieren als Spannungslöser. Zum Beispiel «Der englische Patient» oder «Das Geisterhaus». Hier und da finden sich auch geeignete Pop-Sampler, New-Age-Thriller oder, wer's mag, unverdünnte Natur-Geräuschkulissen («Meer» oder «Sommermorgen»).

Die kleine Musiktherapie kann nur guttun, wenn die äußeren Bedingungen stimmen. Das heißt: keine tobenden Kinder nebenan, kein Telefon, kein Fernseher. Am besten klappt es am späten Abend, kurz vor dem Schlafengehen. Vielleicht schon im Bademantel, noch eine Wärmflasche dazu für den Bauch (Solar plexus); sind auch die Füße warm? Dann in den Ohrensessel gekuschelt. Augen zu und einfach lauschen, am besten über den Kopfhörer.

Erst einmal huschen die Gedanken noch hektisch durcheinander, zerren zurück in den Alltag und wollen sich nicht an die Leine legen lassen. Aber beim zweiten Mal gelingt es schon besser. Der Herzschlag beruhigt sich, der Atem läuft gleichmäßig, und die Klänge machen sich im ganzen Körper breit. Manchmal geht die Entspannung auch so weit, daß die Tränen dabei kommen. Es tut gut, auch die traurigen Gedanken an Vermißtes, Verlorenes und Mißglücktes in dieser Situation heraufsteigen zu lassen und sie nicht gleich wieder beiseite zu schieben, «weil das jetzt nicht geht».

Jetzt geht es eben, und es tut gut. Zehn Minuten sind das Minimum. Die Grenze nach oben setzt das Belieben. Und es ist besser, noch einen Moment in der Entspannung zu bleiben, auch wenn der letzte Klang verhallt ist. Angenehm müde und ganz locker? Der richtige Ausklang für einen Tag. Und dazu noch drei Punkte gesammelt!

Wenn alles zu spät ist!

Die fünf aus der Trickkiste

Wer einen ganz verkorksten Tag hinter sich hat, der die Laune in ozeanische Tiefen zieht, der braucht irgendeinen schnellen Kick, der wieder Glut in die Asche des Lebensmutes pustet. Dafür bieten sich eine ganze Reihe von Instant-Verwöhnungen an; einige dauern nur zehn Minuten, die aufwendigeren nehmen eine halbe Stunde in Anspruch.

Sie erinnern sich an die vielen Überstunden der vergangenen Wochen und beschließen, heute den Schreibtisch eher zu verlassen. Voraussetzung ist, auf die Schnelle eine Dreiviertelstunde Aufschub herauszuschinden: Rufen Sie die nette Babysitterin oder die Nachbarin an und bitten sie, sich zwischen 18 und 19 Uhr um Knopf und Knöpfchen zu kümmern. Und schwupp, schon jagen Sie nicht der Bahn nach, sondern sitzen in diesem Straßencafé und lassen sich einen Espresso bringen. Dreimal tief ein- und ausgeatmet – und fest eingeredet, es sei vollkommen gleichgültig, ob eine Mutter um 17.30 oder 18.15 Uhr zu Hause eintrifft, solange sie ihre Kinder in guten Händen weiß. Die strenge Stimme, die «Jetzt aber ab nach Hause» zischt, wird ignoriert. Für diese erfolgreiche Aktion gibt es zwei runde Punkte.

Auch nicht schlecht: Nicht Sie hetzen der S-Bahn hinterher, um pünktlich zur zweiten Schicht zu Hause zu sein, sondern die Familie holt Sie ab. Anschließend eine Runde Sightseeing, zum Beispiel in das moderne Bürohochhaus mit den beiden gläsernen Aufzugtürmen, wo man um die Wette Lift fahren kann bis in den 13. Stock. Oder Knöpfchen hat Gelegenheit, den altmodischen Laden mit Puppenzubehör zu besichtigen. Für Knopf darf es eher der Computerfachhandel sein (der unweigerlich neue Begehrlichkeiten weckt). Auch eine Viertelstunde Heimatkunde läßt sich einschieben: Ein Blick in die gotische Hallenkirche oder auf einen Sprung in die große Rathausdiele; große Plätze mitten in der Stadt sind bei Kindern meist beliebt, weil sich da prima die Tauben jagen lassen. Ist es ein heiterer Tag, läßt sich noch eine Eis-Verwöhnung oder ein Orangensaft im Straßencafé denken. Kurz: Verkehrte Welt zum Tagesausklang ist eine kleine Verwöhnung für die ganze Familie.

☙ Sollten Sie aber doch mit schlechter Laune zu Hause eingetroffen sein, kann ein anderes Ritual Abhilfe schaffen. Drücken Sie den Kindern ein Butterbrot in die Hand, und erklären Sie, das übliche Abendbrot verschöbe sich um eine halbe Stunde. Und dann genehmigen Sie sich einen Drink, so in der Art von Bloody Mary, wenn Ihnen danach ist, und berichten Ihrem Mann erst einmal ganz genau, wie sich diese unglaubliche Intrige in der Abteilung heute abgespielt hat.

Schildern Sie ohne Rücksicht auf Verluste und mit starken Worten, was Sie so wahnsinnig geärgert hat. Was er zu raten hat, wissen Sie natürlich schon im voraus, und meist wissen Sie obendrein, wie Sie eine dumm gelaufene Situation besser in den Griff bekommen hätten, wenn nicht wieder mal …

Und so weiter, im nachhinein liegen die Dinge ja immer sonnenklar. Jedenfalls ist es besser, einmal von dieser unglaublich unzuverlässigen Kollegin oder dem skandalösen Kommentar, der heute von XY im Blatt steht, zu erzählen und den Groll auszuspucken, als ihn weiter mit sich herumzuschleppen.

☙ Manchmal sitzt der Groll aber auch so fest, daß Sie nicht reden mögen. Dann hilft eine kleine Auszeit. Sie verziehen sich mit einer Wärmflasche zehn Minuten aufs Bett oder vergraben sich in den Lieblingssessel. Es ist nicht entscheidend, allein zu sein, aber Sie sollten Ihren Lieben klarmachen, daß erst mal nicht mit Ihnen zu rechnen ist. Sie reden nur, wenn Sie möchten. Und: NEIN, im Augenblick möchten Sie auch nicht vorlesen und keine Hausaufgaben kontrollieren. Gleich, in zehn Minuten, stehen Sie wieder auf der Matte, versprochen!

Nach einer solchen Auszeit fühlen Sie sich womöglich schon wieder fit genug für eine kleine Maskerade. Kinder, finde ich, haben ein Recht auf eine lustige Mama, wenn es irgend möglich ist. Erst recht die Kinder, die ihre Mama tagsüber gar nicht sehen. Wollen die vielleicht abends eine Mater dolorosa am Eßtisch sitzen haben? Eine, die ihren ganzen Ärger ablädt? Die meckert, stänkert, schimpft und Streß macht? Nein, wollen sie nicht. Haben sie auch nicht verdient.

Also: Sie erklären die Mini-Auszeit für beendet. Im gleichen Augenblick appellieren Sie an Ihre Disziplin und ziehen die Mundwinkel nach oben. Das Flugbegleiter-Lächeln, so habe ich es grimmig für mich selbst getauft. Eine kleine Täuschung, eine kleine Anstrengung, eine kleine Lebenslüge – o. k. Aber ist sie nicht der Mühe wert? Gute Laune killt die schlechte, denn wenn sie nicht allzu aufgesetzt wirkt, steckt sie einfach an. Sie steckt sogar uns selber an. Meine Kinder jedenfalls sind abends wunderbar mitteilsam; beim Abendbrot werden die Schoten aus der Schule aufgetischt, und ich lege noch ein paar dumme Witze aus dem Büro obendrauf.

Klar, es klappt nicht immer. Aber an vier von fünf

Abenden rettet meine Maskerade die Stimmung. Und was früher für die autoritären Väter galt, trifft auch für uns zu: Für den Ärger mit dem Chef und mit dem Job können Kinder nichts. Sie haben ein Recht darauf, davon verschont zu werden. Einige Minuten später werden Sie feststellen, daß der Wechsel der Perspektive auch Ihren Tagesärger auf ein erträgliches Maß zurückgeschraubt hat ...

Oder Sie fahren aus der Haut – buchstäblich. Sie legen die Arbeitskleidung ab, und zwar ganz bewußt. Raus aus dem Blazer, weg mit den engen Schuhen. Jetzt ist kein Outfit gefragt, sondern Lässiges. Der ausgeleierte Pullover, die weiten Jeans, oder Sie verkriechen sich in das großkarierte Herrenhemd. Dazu gehört auch, daß Sie sich abschminken und danach abwechselnd heißes und kaltes Wasser ins Gesicht spritzen. Aaaahh! Gleich sieht man nicht mehr so bleich aus.

✒ Auch Kochen ist eine wunderbare Art, sich zu beschäftigen und Ärger zu vergessen. Kleine, feine Schweinereien sind gefragt, um den Tisch ein wenig aufzuunorden. Ein sanfter Grießbrei steht bei meinen Kindern ganz oben in der Gunst; dazu Sauerkirschenkompott, und alle schnurren vor Behagen.

Im Winter hochbegehrt ist mein Apple Crumble, von dem auch die krüschesten Esser mindestens zweimal nehmen (zwei Äpfel pro Person schälen und kurz weichdämpfen, in eine feuerfeste Form füllen und darüber eine Mischung aus einer Tasse Haferflocken, einer Tasse braunem Zucker, einer Tasse Cornflakes und einer halben Tasse Mehl geben, das

Ganze mit flüssiger Butter gemischt. Im Ofen eine halbe Stunde überbacken, dazu flüssige Sahne). Es ist, man hört es schon, eine 1000-Kalorien-Bombe, aber als Kollektivgenuß unbezahlbar.

❧ An dieser Stelle erwähnt werden müssen auch die kleinen Stimmungsaufheller für Knopf und Knöpfchen, die mir selbst dabei helfen, den Tag hinter mir abzuschließen und mich dem Wesentlichen zuzuwenden. Auch für die Kinder ist der festgefügte Tagesrhythmus das eine, das ihnen Sicherheit und Geborgenheit vermittelt. Meine Kinder jedenfalls hassen es, wenn irgend etwas aus dem Lot gerät, durch Krankheit oder Pech. Aber hin und wieder ist es wunderbar, die Ordnung über den Haufen zu schmeißen. Komm, die Sonne scheint noch – wir gehen in den Park und spielen noch ein bißchen Ball. Oder eine Runde Fußball. Oder Krocket. Oder wir fahren zu Meiers und gucken uns die Welpen an, die vor drei Tagen gekommen sind. Oder wir nehmen das Fahrrad und holen uns noch eine große Eistüte beim Italiener. Irgendeine kleine gemeinsame Unternehmung – raus!

Nun mal langsam!

Trödeln als Angebot

Ich komme ungern zu spät. In der Regel bin ich fünf Minuten vor dem Termin da, und einen Flieger habe ich auch noch nie verpaßt. Wahrscheinlich ist es das hartnäckige Preußen-Erbe, das ich da mit mir herumschleppe. Der Nachteil ist, daß ich mich auch wahnsinnig über unpünktliche Menschen ärgern kann. Auf jemanden zu warten ist einfach verschwendete Zeit, denn ich fange nichts Neues mehr an, in der Erwartung, es doch gleich unterbrechen zu müssen. Der kommt ja gleich. Die müßte ja längst hier sein. Ist sie aber nicht. Schon Viertel nach fünf.

Seit ich die oben erwähnte Liste führe, komme ich mit der Unpünktlichkeit anderer Menschen besser klar. Ich schaue einfach nach, was für Telefonate ich noch erledigen könnte. Ob ich eine kleine Abrechnung dazwischenschieben kann. Ob das Punkte-Konto von gestern schon erfaßt worden ist. So weit, so effizient.

Daneben aber habe ich noch etwas anderes entdeckt. Seit ich mich für dieses Hochleistungsprogramm *working mummy* eingeschrieben habe, gibt es hier und da Momente, in denen ich unendlich langsam werde. Und das ist eine reine Wohltat. Richtig: Während der Arbeitszeit bemühe ich mich nach Kräften, zügig mit Schreiben, Redigieren, Produzieren fertig zu werden (und als Redakteurin, die feste Schlußtermine einhalten muß, fällt mir das nicht übermäßig schwer).

Aber daheim oder unterwegs, da lasse ich, wenn es sich ergibt, die Tempo-Zügel schleifen. Warum soll ich mich zum Beispiel bei der Hausarbeit hetzen lassen? Eine Ladung Wäsche aufzuhängen dauert zwischen fünf und zwölf Minuten, habe ich beobachtet. Wenn ich wie ein Derwisch zwischen Laken, Maschine und Leine hin und her flitze, schaffe ich es in fünf. Aber hinterher bin ich alle. Also, lohnt es wirklich, sieben Minuten einzusparen?

Ähnliches gilt für Routinearbeiten wie Abwasch, Bügeln, Putzen. Wenn irgend möglich, lasse ich mich zu Hause nicht hetzen. Und mit den Kindern schon gar nicht. Ab und an passiert es tatsächlich, daß wir gemeinsam ins Spiel vertieft sind, und plötzlich gucke ich erschrocken zur Uhr. Dann ist es später als gedacht, und trotzdem tat es richtig gut, so wegzutauchen und sich mit ihnen gemeinsam davontragen zu lassen.

Ich habe nie geraucht, zum Glück. Schade eigentlich. Mitunter glaube ich nämlich, daß Raucherinnen die wahren Trödelkünstler sind. «Jetzt ein Zigarettchen», das ist wie in Kurzurlaub mitten am Tag. Eine Genußpause. Und diese Gelassenheit ist etwas unglaublich Wohltuendes. Entspanntes Trödeln ist das Gegengewicht zum effizienten Erledigen, das wir als tägliches Normprogramm verinnerlicht haben. Ich glaube, daß diese kleine Regeneration geradezu notwendig ist, um anschließend wieder die effiziente Tour zu fahren. Auch dies hat mit unserer körperlichen Leistungskurve zu tun. Als Frühaufsteherin fällt es mir nicht so schwer, morgens auch mal fix zu machen. Abends allerdings komme ich mir manchmal vor wie eine Spieluhr in der letzten Runde: Immer noch ein bißchen langsamer, immer gedehnter die Pausen zwischen den einzelnen Tönen. Der Roman von Sten Nadolny, «Die Entdeckung der Langsamkeit», ist nicht umsonst ein solches Kultbuch geworden, dessen Titel schon als Chiffre in die Alltagssprache eingegangen ist. Er hat einen Nerv getroffen; unseren Widerwillen gegen den ständigen Druck, noch eine Umdrehung schneller zu laufen.

Manchmal ist es gar nicht so leicht zu trödeln. Ich

kann gar nicht anders, als zur S-Bahn zu flitzen, glaube ich. Immer will ich durchaus die frühere Bahn erwischen. Irgendwann hat mich mein Mann mal gefragt: Bildest du dir tatsächlich ein, wir würden es merken, ob du um zwanzig nach sechs oder zwanzig vor sieben kommst?

Einschränkung: Solange die Kinder klein, also unter sieben Jahren alt sind, ist ihr Tagesablauf gegen Abend wirklich an der totalen Erschöpfung angekommen, und dann macht es sehr wohl einen Unterschied, ob Mama noch eine ganze oder nur eine halbe Stunde Gelegenheit für die kleinen gemeinsamen Rituale hat. Wenn die Kinder allerdings ein wenig größer sind, sollten wir uns dieses absurde Flitzprogramm nicht mehr antun. Neulich habe ich doch tatsächlich in ein Schaufenster geguckt. Abends um 18.30 Uhr! Ich bin sehr erschrocken, als ich das merkte.

Mein Tag. Ein Traum

Irgendwann ist es genug. Ich japse. Ich komm nicht hinterher mit meiner Liste. Zu Hause türmt sich die Wäsche. Der Kühlschrank stinkt, und im Kinderzimmer steigt man kaum noch zum Bett durch. Im Büro wackelt die Wand, der Chef hat schlechte Laune, ich komme nicht voran mit dem Projekt, in das ich sowieso schon viel zuviel Zeit gesteckt habe. Was mache ich bloß?

Zunächst meistens gar nichts. Ich warte auf das Wochenende. Oder ich nehme mir vor, es in der nächsten

Woche ein wenig langsamer angehen zu lassen. Und weiß doch gleich, daß daraus wohl nichts werden wird. Ich rechne nach: Wie lange bis zu den nächsten Ferien? Bis zu einer Ablenkung, auf die ich mich ungebremst freuen kann? Sehr weit noch. Ich lege den Preußen-Gang ein: Los, das stehst du schon durch. Aber ich will nicht immer alles durchstehen! schreit die andere Stimme dagegen an. Und diese Stimme gehört auch zu mir. Manchmal gehört diese Stimme dem inneren Schweinehund. Aber oft ist es genau diese Stimme, die es gut mit mir meint.

Ich ziehe die Notbremse. Ich nehme mir einen Tag. Ganz für mich allein. Vierundzwanzig Stunden, um mich selbst innen drin wieder zu glätten, den überbeanspruchten Akku zu füllen und endlich mal wieder mit mir ganz allein zu sein.

So wie wir leben, ist das zu Hause ganz und gar unmöglich. Es sei denn, ich sage zum Vater meiner Kinder: «Bitte. Du bist dran. Laß dir etwas einfallen. Fahrt an die See, macht einen Tagesausflug, stellt die Stadt auf den Kopf – nur bitte tut so, als gäbe es mich nicht.»

In dem Moment, wo ich diese Notrakete abgefeuert habe, geht es mir schon besser. Klingt unwahrscheinlich, ist aber wahr. In unseren überhitzten Tagesläufen ist so etwas wie zwölf Stunden ja glatt ein Urlaub *en miniature*. Etwas ungemein Kostbares, mit dem es sorgsam umzugehen gilt. Und das heißt in diesem Fall: Denk dir etwas aus, das dir guttut.

Wie jede Autosuggestion hat auch diese magische Fähigkeiten. Sie kann nämlich die scheinbar so klugen Argumente, die der Kopf zuvor immer wieder vorgetragen

hat, auf der Stelle entkräften. Pflicht ist jetzt ein Fremd-
wort. Es geht um mich, um mich am Stück, und um
sonst niemanden. Denn sonst geht es ja nie um mich.

Unser parasympathisches System, das unser Bedürfnis nach Ruhe, Schlaf und Entspannung kontrolliert,
läßt sich nicht dauerhaft abstellen. Es läßt sich auch
nicht gern vertrösten auf einen Zeitpunkt im ungefähren «Später», auf das nächste Wochenende, die nächsten Ferien (in drei Monaten?) und schon gar nicht auf
einen Abend im Kino. Es ist ein Kontrollmechanismus,
der wacht, daß wir nicht alles verplanen und dem Streß
ständig nachgeben – mit Hilfe von Disziplin, von
Strenge und Pflichtbewußtsein. Ein Blick in den Spiegel
morgens, in das noch ungeschminkte Gesicht, kann der
Moment der Wahrheit sein: Mensch, siehst du aus.
Guck mal, die tiefen Ringe unter den Augen. Die fahle
Haut, das müde Haar. So alt wirst du doch erst in zehn
Jahren … Alles Alarmzeichen.

Wie also könnte dieser Tag gestaltet werden? Süße
Planung! Ich erwische mich bei dem Gedanken, daß
meine Ideen in alle Richtungen fliegen, wie flügge Vo-
gelkinder kurz vor dem ersten Ausflug. Soll ich vielleicht Stephanie in Berlin besuchen? Morgens hin,
abends zurück, wir sehen uns die Ausstellung in der
Nationalgalerie an und quatschen ein bißchen … Im
Zug könnte ich lesen, dösen, zum Fenster hinausträu-
men, Musik hören …

Oder lieber raus aufs Land, an diesen wunderbaren
See hinter der kleinen Stadt, wo es sich am Bootssteg so
vollkommen sinnlos in die kleinen Wellen träumen
läßt? Mit einem kleinen Körbchen dabei, dem neuen

Roman von Mary Wesley und dem Baumführer als Lektüre, dazu heißer Tee, ein wenig Obst?

Oder mach ich es sportlich, schnappe mir mein Fahrrad und starte zu einer richtigen Tour, immer am großen Fluß entlang, dem Licht entgegen, mit ein paar Stopps am Knick, um den Schafen hinterherzublöken? (Aber was, wenn ich vor Begeisterung immer weiter fahre und am späten Nachmittag merke, daß mir der Rückweg viel zu weit ist ...?)

Wenn mein Konto gerade gute Laune hat, gibt es eine weitere verlockende Idee. Das ist der Beauty-Tag. Viele Kosmetik-Institute, aber auch die Wellness-Abteilungen großer Hotels bieten so was inzwischen an.

Zu einem solchen Tag gehören meist eine sorgfältige Kosmetik-Grundbehandlung des Gesichts, Maniküre, Pediküre, Reflexzonenmassage, ein Körperpeeling und eine Massage. Zwischendurch kann man im hauseigenen Pool schwimmen, eventuell noch einen Sauna-Gang einlegen; mittags gibt es einen gesunden Imbiß, und zwischendurch werden eventuell noch 45 Minuten Yoga angeboten.

Der Spaß kostet zwischen 250 und 400 Mark und kann tatsächlich ein Jungbrunnen sein. Natürlich läßt sich die Ansicht vertreten, eine solche Behandlung sei nichts weiter als ein bißchen Kosmetik – also eine oberflächliche Verschönerung, ohne daß sich tatsächlich etwas verbessert habe. Aber es geht ja nicht so sehr um das makellose Aussehen, und die Falten werden dabei selbstredend auch nicht reduziert. Es geht vielmehr um die Erfahrung: Ich gönne mir etwas, und das tut mir gut. Ich lege mich hin, ich spüre die Verwöhnung, ich mach mich einfach lang und atme aus und laß andere etwas tun für mich.

Das letzte Mal, daß ich mir einen solchen Tag gegönnt habe, war im vergangenen Sommer, und nach tagelanger Unschlüssigkeit (die dazugehört) machte ich mich kurz entschlossen doch auf zum Strand. Nichts Aufregendes, ein völlig durchschnittlicher Ostsee-Strand, mit zwanzig, dreißig Strandkörben, Tretbooten, einem altmodischen Pommesbüdchen und sanfter Brandung, die auf den glatten Sand schmatzt.

Allein das wunderbare Gefühl, so unterwegs zu sein, nur mit sich selbst! Kein Gequengel auf der Rückbank; kein Zank, der zu schlichten wäre. Kein gutgelauntes «Macht doch nichts», wenn das Eis in den Sand gefallen ist. Nicht ständig kleine zitternde Körper abtrocknen, nasse Badehosen abpellen, Wespen abwehren, zerstörte Sandburgen restaurieren oder Schwimmflügel aufpusten. Mein Strandkorb ist eine Festung des ungebrochenen Egoismus, während sechs Meter weiter vor meinen Augen das wahre Leben von Familie X tobt, mit all den vertrauten Verpflichtungen der genannten Art. Ich gucke zu und tue – nichts. Kann es Schöneres geben? Ich lasse mich von meinem Roman fesseln, tauche ab in fremde Welten, leide mit den Helden, liebe mit den Heldinnen, und zwischendurch schaue ich auf das Meer, das weite, blaue, mit den kleinen Gischtkränzen hinten an der Sandbank, und denke, wie schön es ist, an nichts zu denken. Der einzig faßbare Gedanke geht ungefähr so: Wie lang ist das bloß her, daß ich so faul gewesen bin?

Ich döse, blinzele in die Sonne, hinauf zu den Wolken, den weißen Dampfern oben in dem großen Blau. Ich sehe meine Lieben da oben, als Elfen, als Schmied und als Pinocchio. Sie rufen mir zu: Prima, Mima! Genieß es! Mach es dir gemütlich.

Später, nachdem ich dreimal ins Wasser gesprungen bin und hinterher noch ein kleines Nickerchen eingeschoben habe, gehe ich in das reetgedeckte Gasthaus, eine unkomplizierte Strandkneipe, und weil ich den ganzen Tag noch nichts gegessen habe außer zwei Bananen, lasse ich mir ein Stück Apfelkuchen bringen. Und wieder dieser Blick aufs Meer, die Stimmen um mich herum ein gutgelaunter Lärmteppich, der mich gottlob nichts angeht. Hier kennt mich keiner, und ich will auch keinen kennen. Denn heute bin ich mit mir selbst unterwegs. Der größte Luxus.

Ich fahre heim, hinein in einen Abendhimmel mit dramatischer Beleuchtung. Eine Kassette läuft, die Lieder ohne Worte von Felix Mendelssohn, meine Lieblingsmusik. Die Autobahn ist frei, ich fahre schnell, die Bäume werden zu flachen Tüchern rechts und links. Schnell fahren tun nur junge Frauen, denke ich plötzlich. Aber das macht ja Spaß, wow! Ich spüre die Sonne in meinem Gesicht. Wie gut das tut.

Ich stehe in der Tür; meine drei sehen mir neugierig entgegen. Als hätten sie gezweifelt, ob ich tatsächlich wiederkomme. Großes Hallo. Erzählen mag ich nicht viel. Was auch? Ich bin noch ganz verträumt von so viel fauler Abwechslung. Die Kinder sind bereits bettfertig vorbereitet, ich muß nur noch meine sandigen Küsse auf die Pfirsichhaut drücken. Dann lasse ich mich in die Badewanne plumpsen, spüle den Sand aus den Haaren.

Die rotlackierten Zehen lachen mich an, auf dem Spann der Füße macht sich ein kleiner Sonnenbrand breit. Nach dem Abtrocknen nehme ich die allerfeinste Bodylotion, und zwar extra viel davon. Ein Blick in den Spiegel: Da ist es wieder, das bißchen Frechheit im Blick, das ich an mir so gern mag.

Als ich ins Bett sinke, fühle ich mich stark. What a difference a day makes!

Andere schaffen es auch!
Aber wie?

Zwei prominente Mütter geben Auskunft

Brigitte Sauzay

Brigitte Sauzay ist Kanzlerberaterin für deutsch-französische Beziehungen. Sie hat drei Kinder: eine 15jährige Tochter und zwei Söhne, 13 und zehn Jahre alt. Frau Sauzay pendelt zwischen Paris, Bonn und Genshagen.

Die meisten Frauen denken lange darüber nach, ob sie Kinder haben wollen oder nicht. Wie war das bei Ihnen?

Ihre Frage kommt mir etwas fremd vor. In Deutschland fragt man sich sehr bewußt, ob man Kinder bekommen soll. In Frankreich geht man eher noch davon aus, daß man Kinder hat, wenn man kann. Ich kenne nur wenige Französinnen, die bewußt darauf verzichten. Möglichst drei Kinder – das allerdings ist vielleicht «bürgerlich», denn es setzt schon einen bestimmten Lebensstandard voraus.

Stand für Sie von vornherein fest, daß Sie als Mutter weiterhin berufstätig sein würden?

Ich glaube, das entspricht auch meinem Temperament. Es gibt keine allgemeingültigen Antworten in dieser Frage. Es gibt vielmehr Frauen, die glücklich daheim mit ihren Kindern sind, und andere, die das nicht aushalten. Ich hatte das Pech, wenn man so will, zu den letzteren zu gehören. Natürlich spielt dabei die Gesellschaft eine Rolle, und auch, welchen Mann man hat. Vielleicht hätte ich mir gut vorstellen können, Kinder zu haben und nicht zu arbeiten, wenn es ein Mann gewesen wäre, mit dem ich hätte viel unternehmen können. Aber das war nicht der Fall. Mein Mann war hoher Beamter, der dazu noch viele Bücher schrieb und ständig auf Achse war und immer noch ist.

Ich habe also weiter meinen Beruf ausgeübt, damals im Quai d'Orsay. Diese Tätigkeit ließ sich gut mit der Familie vereinbaren, zumal es in Frankreich salonfähig ist, als Mutter berufstätig zu sein. Man hört nicht: «Sie Rabenmutter.» Es ist alles ein wenig leichter als hier, nicht nur wegen der Strukturen wie Ganztagsschule, Kantinen, finanziellen Hilfen, sondern auch, weil es normal ist, daß man im Haushalt Unterstützung hat. Es ist nicht verpönt, sich nicht selbst um den Haushalt zu kümmern.

Wann sind Sie nach den Geburten wieder an Ihren Arbeitsplatz zurückgekehrt?
Beim ersten und zweiten Kind jeweils nach drei Monaten und beim dritten Kind nach einem halben Jahr.

Welche Modelle der Betreuung haben Sie ausprobiert? Welche waren eine Katastrophe, und welche haben geklappt?
Anfangs hatte ich eine Haushaltshilfe und ein Aupair-Mädchen aus Deutschland. Es gab die Garderie, die Tagesstätte – ach, und dann hat mir auch noch die Concierge geholfen. Natürlich war die schlimmste Zeit, als alle drei Kinder noch

sehr klein waren. Damals hatte ich ein Au-pair-Mädchen, das die Kinder nachmittags um 16.00 Uhr abholte, und ein zweites, das die Einkäufe erledigte; das mußte sich überlappen. Und da mein Mann und ich auch viel reisen mußten, sollte auch immer ein Au-pair unten bei den Kindern schlafen können.

Als die Kinder größer waren, fand ich eine französische Studentin, die den Kindern bei den Hausaufgaben helfen konnte ... Und ein Au-pair-Mädchen für den freien Mittwochnachmittag und für das Wochenende.

Aber Sie mußten doch die Fäden in der Hand behalten. Und was ist, wenn das Au-pair Zahnschmerzen hat?
Genau, genau! Das echte Problem ist: Damit das alles funktioniert, müssen alle glücklich sein. Wenn einer unzufrieden ist, geht die Sache perdu ... Und die Kunst besteht darin, eine Atmosphäre zu schaffen, in der sich jeder anerkannt fühlt – in jeder Hinsicht.

Gab es Phasen, wo Sie dachten: Ich schaffe es nicht?
Ja. Immer wieder. Dann dachte ich, es wird mir alles zuviel. Wenn ein Kind krank ist ... Oder man geht mit zerrissenem Herzen aus dem Haus – weil sie weinen und nicht wollen, daß man weggeht. In solchen Fällen atmete ich tief durch und sagte ihnen: ‹Wenn du 15 bist, wirst du glücklich sein und fragen, ob ich nicht endlich gehen könnte ...›

Die Tatsache, daß ich gearbeitet habe, hat, glaube ich, der Anhänglichkeit meiner Kinder keinen Abbruch getan. Natürlich hat man Angst, daß sie sich vernachlässigt fühlen, daß man selber nicht genug zugehört und sie begleitet hat bei den kleineren Ereignissen in ihrem Leben. Und ich weiß, daß andere Mütter es besser gemacht haben. Ich erhebe nicht den Anspruch, immer die beste Mutter gewesen zu sein. Das einzige, was ich sagen kann: Ich hatte keine Wahl.

Haben Sie mitunter ein schlechtes Gewissen Ihren Kindern gegenüber? Und was tun Sie, um es zu beruhigen?
Ja, ganz sicher. Und es ist immer ein Krampf ... Ich habe auch die Versuchung gespürt aufzuhören. Aber ich fürchte, ich würde mich langweilen und für alle unerträglich werden. Es ärgert mich immer, wenn Männer sich als moralische Retter aufspielen und sagen, man sei keine echte «Bezugsperson» für seine Kinder, weil man draußen arbeitet ... Diese Männer haben nie nie nie ein ganzes Wochenende allein mit zwei vergrippten, quengelnden Kleinkindern verbracht. Die wissen nicht, wovon sie reden! Und wenn man etwas bewegen will ... tja! Natürlich *mußte* ich keine Bücher schreiben, um zu überleben. Ich schreibe auch nicht, um gute Rezensionen zu bekommen. Ich schreibe, weil ich mich mitteilen möchte und weil ich anderen etwas bringen möchte.

Erfüllen Sie Ihren Kindern mitunter Wünsche, oder machen ihnen Versprechen, weil Sie berufstätig sind und nicht immer bei ihnen sind?

Meine Au-pair-Mädchen und meine Mutter haben immer gesagt, ich mache den Kindern zu schnell Zugeständnisse, weil ich mich eben auf das Ganze gesehen nicht genug mit ihnen abgäbe und deshalb zu schnell nachgeben würde. Und ich glaube, sie haben recht. Vielleicht hat die große Nachsicht auch mit etwas anderem zu tun. Wenn sie klein sind, hat man den Eindruck, daß sie es nicht begreifen, worum es geht, und deshalb gibt man nach. Jetzt, wo sie größer sind, bin ich strenger, weil ich den Eindruck habe, es sind Persönlichkeiten, mit denen ich mich auseinandersetzen kann, und sie können begreifen: Das geht nicht. Sie sehen die Gründe ein und akzeptieren auch, wenn ich nein sage.

Halten Sie auch während des Arbeitstages mit Ihren Kindern Kontakt?

Aber natürlich! Ach, das Handy – ein Lob dem Handy! Das hat mein Leben geändert. Hin und wieder hat man eine schluchzende Kinderstimme am Ohr ... aber die Kinder halten den Kontakt und sie wissen, Mama bringt die Sache in Ordnung, irgendwie. Zum Glück habe ich einige mütterliche Freundinnen, die ich in solchen Fällen schnell hinschicken kann.

Sie kennen vermutlich andere berufstätige Mütter, aber auch Mütter, die zu Hause bei ihren Kindern bleiben. Vergleichen Sie sich oft mit solchen Frauen?

Ja, natürlich. In Frankreich gibt es sehr viele Frauen mit drei oder vier Kindern in höheren Positionen. Man kommt sich nicht so einsam vor – es gibt andere, die die gleichen Schwierigkeiten kennen. Das ist ganz tröstlich.

Diejenigen, die nicht arbeiten, bewundere ich eigentlich, weil sie sich für einen schwierigen Weg entschieden haben. Sie müssen alles selbst erfinden, ihre Leistung wird kaum anerkannt, und sie spielen in der Gesellschaft eine sehr wichtige Rolle. Sie haben mehr Zeit, um einzuladen, sich um andere zu kümmern.

Manchmal bin ich um 20 Uhr in einer Pariser Gesellschaft, etwa auf einem Verlagscocktail, und da sind lauter Frauen. Plötzlich denke ich mir: Wer ist jetzt bei der alten Tante, der es schlechtgeht? Wer hat Zeit, für den Sonntag ein schönes Familientreffen zu organisieren? Diese traditionelle Rolle ist verschwunden, und das tut mir weh. Ich empfinde das als eine Art von Kulturverlust. Die meisten Frauen, die arbeiten, versuchen verzweifelt, auch diese Rolle noch zu spielen, und es ist klar, daß es ihnen nicht gelingt.

Wenn ich bei Freundinnen bin, die Kinder haben und nicht arbeiten, versuche ich, meine Dankbarkeit auszudrücken. Weil ich merke, daß sie mich zwei-, dreimal hintereinander einladen, ohne daß ich die Einladung erwidere; weil sie

sich etwas einfallen lassen als originelle Tischde-
koration, weil sie noch kochen – richtig schön kochen können und nicht einfach den Partyservice
kommen lassen! Insofern ist dieser Vergleich
nicht immer wohltuend ...

Und bezogen auf die Kinder – beobachten Sie die Kinder dieser Frauen?

Natürlich. Und ich habe manchmal Zweifel. Ich
gehe doch davon aus, daß die Kinder darunter leiden, wenn die Mütter arbeiten. Oder anders ausgedrückt, daß sie nicht die gleichen Vor- und
Nachteile haben. Sie sind wahrscheinlich doch
weniger ausgeglichen, wenn die Mutter sehr oft
fort ist. Aber ich glaube nicht, daß ihre Entwicklung leidet, das nicht – vielleicht sogar im Gegenteil.

Glauben Sie, daß die Berufstätigkeit der Mutter Einfuß
auf das Selbstbewußtsein der Kinder hat?

Eher positiv – sie haben ein größeres Selbstbewußtsein. Sie sind gezwungen, sich direkt mit der
Welt auseinanderzusetzen, denn es ist keine Mutter da, die ihnen die äußere Welt vermittelt. Natürlich kommt es auf die Kinder an, auf ihre individuelle Veranlagung; von meinen drei Kindern
tut es zweien gut, daß ich oft weg bin, und eines
leidet eher darunter. Aber das kann man eben
nicht im voraus wissen.

Welche Aufgaben im Zusammenhang mit den Kindern delegieren Sie, und welche möchten Sie unbedingt selbst übernehmen?

Eins gibt es, das ist von zentraler Bedeutung: Die Kinder müssen immer wissen, daß sie das Wichtigste sind im Leben ihrer Mutter. Sie müssen wissen, wie wichtig der Beruf auch immer sei – jeden Augenblick würde Mama darauf verzichten, wenn etwas passiert. Und manchmal muß man eben auch etwas dafür aufgeben. Kürzlich sollte ich am Wochenende etwas schreiben und habe es dann doch zurückgestellt, weil es wichtiger war, zu Hause für die Kinder dazusein. Und da entscheide ich, glaube ich, doch eben anders als ein Mann, und auch mein Mann hätte in der gleichen Situation diesen Artikel sicher geschrieben.

Wahrscheinlich ist das nicht gerade ein feministischer Standpunkt, und ich frage mich, wie das ideologisch einzuordnen ist – aber es gibt Augenblicke, in denen mir die Kinder mehr bedeuten als alles andere ...

Und was machen Sie, wenn Sie in solchen Augenblikken nun gerade in Bonn sind?

Dann telefoniere ich lange ... und wenn wirklich etwas wäre, würde ich sofort zurückfliegen. Ich bin auch einen Teil der Woche in Paris. Die Anwesenheit nachts zu Hause ist wichtig – daß man zusammen einschläft und morgens zusammen frühstückt.

Schön, wenn man die äußeren Bedingungen beeinflussen kann … Da haben Sie recht. Haben Sie überhaupt noch einmal Zeit für sich selbst?

Nein, nie oder kaum. Manchmal, beim Friseur … O doch, am Samstag morgen gehe ich immer mit einem der Kinder zum Tennisspielen. Erstens fahren wir zusammen, das ist gut, um miteinander zu reden, und zweitens hat dieses Kind mich dann für sich.

Wenn Sie sich angespannt und überfordert fühlen, gibt es dann irgendwelche Sofortmaßnahmen, mit denen Sie sich entspannen können?

Wenn ich den Eindruck habe, daß es schlecht läuft, egal aus welchem Grund, beruflich geht etwas nicht so, wie ich es mir vorstelle, oder zu Hause läuft etwas schief, oder ich bekomme nicht, was ich möchte – dann atme ich tief ein und versuche zu lächeln. Das Ganze ist ja nicht so schlimm. Jedesmal wenn ich die Welt entsetzlich fand, dunkle Tage also, dann habe ich an ein Foto gedacht, das ich vor zehn Jahren einmal gekauft habe. «Migrant Mother» von Dorothea Lange … Eines Tages habe ich beschlossen, das ist mein Gegengift, wenn ich mich zu ernst nehme. Ich sehe mir das an – und denke: Nur mit der Ruhe! Meine Sorgen sind doch Luxus, verglichen mit den Sorgen dieser Frau, dort im amerikanischen Middle West, die nicht weiß, wie sie ihre Kinder ernähren soll! Ob ich etwas schaffe oder nicht – na ja.

Man spricht immer von Kindern als von einer Belastung, oder von Sorgen. Aber Kinder zu haben gibt auch eine große Kraft, weil man sich selbst nicht mehr so wichtig nimmt. Früher war ich für mich selbst eine sehr wichtige Person. Das ist anders geworden, weil mir diese drei Kinder wichtiger sind, ihr Wohlergehen ist mir im Grunde wichtiger als mein eigenes. Und das gibt Kraft!

Auch das Älterwerden ist leichter. Älter werden heißt auch, von sich selbst Abschied zu nehmen. Wenn man dreißig wird, hat man schon Abschied genommen von dem jungen Mädchen ... Und später dann von der jungen Frau. Irgendwann entdeckt man, daß man nicht mehr der Person nachtrauert, die man einmal war. Mit 50 Jahren merkt man, daß man keine Lust mehr hat, vierzig zu sein.

Denken Sie manchmal an die Zeit in der Zukunft, wenn Ihre Kinder aus dem Haus sind und Sie nicht mehr brauchen?

Ja, mit gemischten Gefühlen. Erst einmal denke ich: Oh, ich muß sie genießen, solange sie da sind. Und ihr Lachen, ihr Geruch, ihre Haut, ihre ganze Präsenz – man fürchtet, das zu verlieren. Andererseits denke ich manchmal, das wird eine Zeit, wo man wieder ein wenig zu sich findet, um Freunde zu sehen, Bücher zu lesen, den Film gleich zu sehen anstatt erst ein Jahr später im Fernsehen ...

Sind deutsche Mütter anders als französische?

Es gibt ein sehr schönes Gedicht von Theodor Storm, in dem «kleinen Häwelmann», das mir noch heute zusammenzufassen scheint, wie deutsche Mütter zu ihren Kindern stehen. Das ist eine Fusion zwischen Mutter und Kind, die viel enger ist als in Frankreich. Bei uns hat eine Mutter immer Angst, daß die Kinder sich bei ihr langweilen. Ich glaube, es gibt keine deutsche Mutter, die das befürchtet. Französische Mütter fühlen sich verpflichtet, ihre Kinder hinauszuschicken, sie zu sozialisieren. Und sie beten das Kind nicht an, da setzt es schon schnell mal einen Klaps, oder es wird herumgeschubst. Es wird nicht so glorifiziert wie in Deutschland. Deutsche Kinder verglichen mit französischen sind viel autonomer, die freie Arbeit des Schulsystems erdrückt sie nicht so. «Kindgerecht» ... dieses Wort gibt es in unserer Sprache gar nicht.

Eine Deutsche, die Kinder hat, wird oft vor allem Mutter sein wollen. Eine Französin weniger. Wenn ich bei deutschen Freunden bin, die kleine Kinder haben, fällt mir das immer wieder auf: Es regiert sozusagen das Kind. Ich kann verstehen, daß deutsche Mütter manchmal Angst haben, ein zweites oder drittes Kind zu bekommen, denn das ist wirklich ein Marathon, den sie da überwinden! Einmal reicht das.

Glauben Sie nicht, daß diese Selbstaufgabe sich rächt? Wenn diese Frauen nach 15 Jahren zurückkehren wollen in die Welt, bekommen sie zu hören, daß man sie nicht mehr braucht.

Vielleicht. Aber was kann man dagegen tun? Vielleicht kann man eine europäische Kultur definieren: Wie kann man das artikulieren, in den Medien, auf einem Forum, wie man einen Austausch zwischen verschiedenen Lebensentwürfen herstellt. Einen europäischen Feminismus, kann es so etwas geben? Was haben die Französinnen von den Deutschen zu lernen und umgekehrt? Was können wir da als europäisches Modell anbieten? Diese genormte Effizienz, wie wir sie bei den Amerikanerinnen sehen – das kann nicht die Antwort sein.

Gabriele Strehle

Gabriele Strehle hat zusammen mit ihrem Mann Gerd Strehle die Firma Strenesse als international bekanntes Mode-Label etabliert. Sie lebt und arbeitet in Nördlingen, ist häufig zwischen Mailand, Paris und Düsseldorf unterwegs und hat eine Tochter.

Ihre Tochter ist jetzt acht Jahre alt. Können Sie sich noch daran erinnern, wie es ohne sie war?

Nein, das ist unvorstellbar. Das Leben mit ihr hat einfach eine andere Lebendigkeit. Wenn sie mal nicht da ist, ist es richtig leer im Haus.

Die meisten Frauen denken lange darüber nach, ob sie ein Kind haben wollen, wann sie es wollen und wie ihr Leben dann aussehen könnte. Wie war das bei Ihnen?

Klara war ein reines Zufallsprodukt. Ich habe immer gesagt, bis 40 lasse ich mir Zeit, und wenn es nichts wird, dann ist es auch o.k. Ich war in dieser Frage überhaupt nicht verkrampft. Wenn die Beziehung stimmig ist und man die gleichen Ziele hat, dann ist es natürlich etwas Wunderbares, wenn dann auch noch ein kleines Wurm mitmischt. Ein Gottesgeschenk.

Hatten Sie eine unkomplizierte Schwangerschaft?

In der Schwangerschaft habe ich eine sagenhafte Energie entwickelt, das war wie eine Vitaminspritze. Wahnsinnig. Damals herrschte in meinem Team ein ziemlicher Umbruch. Aber selbst mit halber Besetzung habe ich ein irres Pensum bewältigt.

Für mich ist eine Schwangerschaft keine Krankheit. Ob Junge oder Mädchen, das war mir völlig egal, Hauptsache gesund. Und so wie die Schwangerschaft ist dann auch die Geburt verlaufen, völlig easy. In zweieinhalb Stunden war das Kind geboren, und der Professor meinte: Am besten, Sie bekommen gleich das zweite ... Nein, habe ich gesagt, jetzt erst mal dieses.

Gab es eine Idee, wie Sie Ihren Arbeitsalltag gestalten wollten, nach der Geburt? Hat sich das alles so realisieren lassen?

Ich habe nie daran gedacht, mit der Arbeit aufzuhören, wenn ich Mutter bin. Es war eine Herausforderung für mich, alles in die Reihe zu bekommen.

Erst als Klara dann geboren war, wurde mir deutlich, daß ich mich umorientieren muß. Ein Lernprozeß. Und da kam auch der Moment, daß ich dachte, um Gottes willen, hab ich das jetzt richtig gemacht? War es die richtige Entscheidung? Ich habe ganz schön gerödelt – Kind, Mann, Beruf, Haushalt ...

Und dann stand ich vor diesem Wurm und dachte. Ich weiß gar nicht, wo ich hinlangen soll ... Aber ich bin so ein häutiger Typ und habe alles mit dem Instinkt und aus dem Bauch heraus entschieden. Ich habe das Kind gern vom Rücken und von den Füßen her massiert, immer Körperkontakt gehalten mit ihm, und das zahlt sich, glaube ich, heute noch aus. Sie ist sehr körperbewußt und sensibel.

Wann sind Sie nach der Geburt in die Firma zurückgekehrt?

Nach zehn Tagen. Acht Tage Klinik, zwei Tage zu Hause, und ab. Neun Wochen lang habe ich Klara gestillt. Aber als der Streß dann richtig einsetzte, war es schlagartig vorbei. Zum Stillen bin ich immer nach Hause gegangen, es ist nicht weit. Mitunter bin ich morgens um sechs Uhr in die Firma gegangen, um Zeit zu gewinnen bis zum nächsten Durchgang, bis das Baby wieder Hunger hatte.

Das Tolle war, ich konnte Klara überallhin mitnehmen, sie hat überall geschlafen, ein ausgesprochen unkompliziertes Kind. Am Wochenende sind wir gewöhnlich verreist, und ich habe sie im Waschkorb hinten ins Auto gestellt, und ab ging es. Sie ständig und so oft wie möglich bei mir zu haben hat mich viel mehr beruhigt, als sie dem Kindermädchen zu geben.

Welche Modelle der Betreuung haben Sie ausprobiert? Welche haben geklappt, welche weniger?

Ich habe bis jetzt insgesamt dreimal die Betreuerin gewechselt. Für mich war das dramatisch. Über eins muß man sich im klaren sein: Da ist immer eine dritte Stimme, die dabei ist. Nach anderthalb Jahren habe ich zum ersten Mal einen Wechsel gehabt, weil mir klar wurde, daß das erste Kindermädchen Klara sehr für sich vereinnahmt hatte. Wenn mein Mann und ich abends nach Hause kamen, lief das Kind nicht auf uns zu, sondern da wurde einfach weiter vorgelesen. Das geht nicht, habe ich gesagt; sie bindet das Kind zu sehr an sich.

Ich habe erkannt, daß solch ein Wechsel auch Vorzüge hat. Wenn da eine regelrecht draufsitzt auf dem Kind, bricht eine Welt zusammen, wenn sie nach vier oder fünf Jahren geht. Das ist dann so eine besitzergreifende Beziehung.

Wieviel Zeit verbringen Sie durchschnittlich mit Ihrem Kind? Und wieviel Zeit verbringt der Vater mit der Tochter? Sehen Sie da Unterschiede?

Ich wollte vor allem auch Klara Sicherheit dadurch geben, daß ich immer erreichbar bin. Das ist das, was ich ihr geben kann, möglichst viel dasein.

Ich habe das Glück, daß mein Mann und ich uns gut abstimmen können. Etwa viermal im Jahr gibt es Verpflichtungen oder Termine, wo es wirklich nicht anders geht und wir beide weg müssen, nach Düsseldorf oder nach Mailand. Dann ist sie vier Tage allein mit dem Kindermädchen. Ansonsten ist immer einer von uns da. Das ist der Vorteil, daß wir beide im gleichen Metier arbeiten.

Es gab auch Phasen, da hatte ich noch diesen Perfektionstrieb, wollte am Wochenende daheim richtig kochen *und* den Mann gut versorgen *und* für das Kind dasein. Diese Profilierungsneurose habe ich mir abgewöhnt.

Da bin ich jetzt großzügiger – gut, gehen wir eben essen oder lassen etwas vorbereiten. Oder Wäsche! Ich bin eine, die muß überall herumfummeln ... Bis dann mein Mann sagte: Nun laß es doch liegen! Du mußt doch nicht am Samstag auch noch waschen! Und Klara sagt: «Mama, du hast nie Zeit für mich! Der Papa hat Zeit, aber du nie!» Das schockiert mich dann enorm.

Manchmal bin ich natürlich ungeduldig, dann will ich noch dieses und jenes schaffen – komm schnell, schnell! «Mama, ich hab's schon gleich, ich komme schon ...» Sie kommt, und die Hose zieht sie noch im Laufen hoch. Ganz tragisch, wie *sie* das dann schon verinnerlicht hat, daß *ich* in Eile bin! Dann sag ich o.k., jetzt warte ich, was sollen diese drei Minuten. Früher war ich dazu kaum in der Lage, und dann werden die anderen auch immer hektischer ... Dieses hektische Mithaltenmüssen, das hat Klara übernommen.

Erfüllen Sie Ihrem Kind mitunter Wünsche oder machen Versprechen, weil Sie ein schlechtes Gewissen ihm gegenüber haben?

Nein. Liebe erkaufen mit irgendwelchen Sachen, das mache ich nie. So nach dem Muster: Jetzt schütte ich das Kind voll, damit ich nächste Woche wieder ruhig in die Firma gehen kann – das kommt nicht in Frage. Außerdem finde ich es wichtig, daß sie nicht verwöhnt wird. Sie soll nicht den Eindruck haben, da ist ja Personal. Sondern der Haushalt läuft genauso, wenn wir allein zusammen sind, und dann geht sie mir auch zur Hand. Mein Ziel ist, daß sie lernt, mit einfachen Mitteln zurechtzukommen, und dann das Bessere auch genießen kann.

Gibt es irgendwelche Aufgaben, die Sie nie dem Kindermädchen überlassen, sondern unbedingt selbst erledigen wollen?
Ganz wichtig ist, daß ich abends beim Gutenachtsagen singe und daß sie mir dann ein Schlagwort gibt, das ich zu einer Geschichte verarbeite. Das kann kein anderer, und ich betexte die bekannten Kinderlieder neu.

Haben Sie manchmal auch Zeit für sich selbst?
Einmal im Jahr tue ich so vier bis fünf Tage etwas für meine Gesundheit und für meine Seele. Das ist ayurvedisch angelegt, aber ich gehe in kein festes Programm hinein, sondern der Leiter stellt mir speziell etwas zusammen. Das genieße ich enorm und habe auch kein schlechtes Gewissen, weil ich ja weiß, zu Hause sorgt der Vater für das Kind. Das versuche ich, für mich in Anspruch zu nehmen. Und einmal im Monat genehmige ich mir einen freien Abend, da fahre ich nach München. Klar, der fällt oft hinten herunter, aber wenn es klappt, dann genieße ich ihn sehr.

Ohne Muß, ohne Plan ein Wochenende zu dritt gemeinsam genießen, das ist für mich das Allerhöchste, das entspannt mich. Wenn nicht dieser Druck da ist, daß etwas geschafft werden muß. Raum haben zum Nachdenken, das nehme ich dann auch beim Kochen ganz bewußt wahr, und danach kann ich dann auch wieder schnell sein.

Vergleichen Sie sich oft mit Müttern, die nicht berufstätig sind?

Wenn Schwierigkeiten auftauchen oder Meinungsverschiedenheiten in Fragen der Erziehung, dann frage ich mich oft, mache ich das alles richtig? Meine Schwester ist Psychologin und für mich eine beispielhafte Mutter. Sie hat mir einmal einen Satz gesagt, den ich mir immer wieder einmal herhole: Die Mutter, die den ganzen Tag zu Hause ist, sich total aufgibt, deren Kinder sind bestimmt nicht dankbarer. Du gibst deinem Kind ein ganz wertvolles Gut mit auf den Weg, nämlich daß du immer wieder für dein Kind da bist, wenn du zu ihr zurückkommst. Vollzeit-Mütter machen auch Fehler, vielleicht sogar die gleichen wie wir, die wir konzentriert und intensiv mit dem Kind zusammen die Zeit erleben. Den gleichen Verzicht, den wir spüren, den erlebt ja auch das Kind.

Ich könnte mir nicht vorstellen, die ganze Zeit über zu Hause zu sein. Ich wäre zickig. Ich finde, daß Beziehungen zum Kind dann leicht etwas Unbedingtes haben. Aber es geht eben auch um das Loslassen; es ist besser, wenn sich das allmählich abspielt und nicht abrupt.

Hat das Kind Ihre Einstellung zur Arbeit verändert oder neue Fähigkeiten in Ihnen geweckt?

Für mich war eine wichtige Erfahrung, daß mal jemand anders das Tempo ansagt. Und ich habe mich selbst neu kennengelernt; ich habe gelernt, flexibel zu reagieren. Eins ist klar: Ich bin weicher geworden, nicht mehr so stark fokussiert auf eine Sache. Ich habe mehr Verständnis gewonnen für Zwischentöne. Vorher gab es für mich nur schwarz oder weiß. Ich habe mich früher fünf Stunden über einen Knopf unterhalten; heute ist das eine Entscheidung, die in zehn Minuten fallen kann; und damit bin ich auch in der Lage, Verantwortung abzugeben. Auch wenn es dann zwei-, dreimal nicht so hundertprozentig läuft, entwickelt sich am Ende doch der andere, und das ist richtig so.

Und ich habe meinen Mann noch aus einem ganz anderen Blickwinkel gesehen, weil er sich gefühlsmäßig stärker entwickelt hat. Wie er ihr Herz erobert hat, das war auch für unsere Beziehung eine Bereicherung. Das hat eine Ruhe hineingebracht, wunderbar.

Ausblick:
Was ich meiner Tochter
später raten werde

Wie war es doch noch beendet worden, mein Gespräch mit dem frauenfeindlichen Vater, von dem ich eingangs berichtete?

Der Maulheld hatte schließlich klein beigegeben. Mit treuem Augenaufschlag gestand er (täuschte ich mich, oder sah er dabei heimlich aus dem Augenwinkel zu seiner Frau hinüber?), daß auch ihn mitunter der Gedanke beschleicht, als Vater eine ziemliche Null zu sein. Ein Gefühl, das sich wieder beruhigte, wenn er mal nachts aufgestanden und dem Kleinen ein Teefläschchen ins Bett gereicht und den Großen morgens beim Kindergarten abgegeben hat. Daß er aber doch Zweifel hat, in welcher Weise er seinen Kindern später in Erinnerung bleiben wird.

Und was werden seine Kinder daraus gelernt haben, für den Fall, daß sie selbst sich einmal in diese wunderbare Katastrophe stürzen, Nachwuchs großzuziehen? Pflanzt sich das «tradierte Rollenbild», wie es im Soziologen-Slang so schön heißt, wie eine ewige Krankheit fort? Gibt es da denn nicht einmal den «big bang», hin zu fairer Arbeitsteilung und Verantwortung zu gleichen Teilen?

Zum nächsten Gedanken ist es ein ziemlich weiter

Sprung. Also Anlauf nehmen. Knöpfchen teilte kürzlich mit, sie brauche mehr Platz in ihrem Zimmer. Für einen gemütlichen Lesesessel zum Beispiel. Mit Lampe daneben. Könnten wir das nicht unter dem Hochbett einrichten? «Und was ist mit der Puppenecke?» fragte ich leicht erschrocken. «Pauline und Katharina, Sophie und Mecke, wo sollen die dann wohnen?» Knöpfchen sieht mich etwas mitleidig an, um dann zu erklären: «Aber Mima. Mit denen spiele ich doch jetzt nicht mehr ...»

Ich schluckte. Mein Knöpfchen, mit zehn schon über dieses Rollenspiel hinaus, das mich in Atem hielt bis weit ins zwölfte Jahr? Irgendwo in meinem Hinterkopf erinnerte ich mich an einen merkwürdigen Begriff: Akzeleration. Er bedeutet, daß Mädchen heute deutlich früher ihre erste Periode erleben als noch vor dreißig Jahren. Daß sie gewissermaßen beschleunigt ins Erwachsenenleben hinüberwechseln.

Eltern hören derlei nicht gern. Es zwingt sie, die eigene Akzeleration ins Alter hinüber zur Kenntnis zu nehmen. Ihre Lebenserfahrung flüstert, es sei besser für die Kleinen, noch ein wenig in jenem geschützten Bereich der Kindheit zu verharren, den wir ihnen doch mit erheblichem Aufwand einrichten. Die Wirklichkeit da draußen, sie soll noch warten.

Und dann eilen die Gedanken voraus. Die Schullaufbahn, die Berufsausbildung, dieser lange dornige Weg in ein starkes, verantwortungsbewußtes, selbstbestimmtes Leben – da wollen Eltern immerzu bestimmen, regeln, ordnen und hinweisen, aber ihre Hilfe ist nicht mehr gefragt. Und das ist gut so. Sie sollen sich schließlich abnabeln von uns, selbst entscheiden, selbst ausprobieren, selbst erfahren – und erleiden … Verdammt schwer, da stillzuhalten.

Ab und an überlegen meine Kinder, was sie später werden wollen. Knöpfchen hatte erst die Gärtnerlaufbahn im Sinn, wurde dann aber vom Bruder darauf hingewiesen, daß man sich als Gärtnerin bestimmt kein Haus mit Swimmingpool leisten könne, und das, hatte Knöpfchen erklärt, sollte denn doch schon sein. Nach einigen Wochen der Überlegung eröffnete sie uns zu unserer Überraschung, sie wolle «Autorin» werden, und zwar eine erfolgreiche.

«Aha. Tja, dann arbeitest du wohl die meiste Zeit zu Hause?» Jawohl, so stellte sie es sich vor. «Praktisch», bemerkte ich. «Dann hast du deine Kinder um dich.» Daß sie überhaupt welche haben wollte, hatte sie schon früher mitgeteilt. Ich war darüber, zugegeben, geradezu erleichtert: So negativ können ihre Kindheitserfahrungen also nicht sein, sonst würde sie dieses Schicksal anderen ersparen wollen.

Die alles entscheidende Frage aber hatte sie in ihrem realistischen Sinn schon dreimal schlauer als ihre Mutter gelöst. Zu Hause arbeiten, und die Kinder wuseln umher? «Klar, die stören. Weißt du was, Mima? Dann könntest du mir doch helfen. Du bist dann unser Kindermädchen.»

Wollte sie einfach Geld sparen auf diese Art? Empört wies sie diese Vermutung zurück. Was sie daran lockte, war vielmehr die Aussicht, zusammenzubleiben, es dabei gemütlich zu haben, und nebenbei auch noch die notwendige Kohle heranzuholen. Ähnlich wie früher auf einem Bauernhof oder in einem Handwerksbetrieb.

In Knöpfchens Szenario, in dem von einem Ernährer bislang nicht die Rede war, ließ sich zusätzlich noch unter Beweis stellen, daß Frauen leicht eine Familie allein durchbringen können.

«Aber was ist, wenn wir uns streiten? Vielleicht bin ich zu streng mit deinen Kindern. Und überhaupt, wie viele sind es denn? Ich bin ja dann schon ziemlich klapprig, und die sind bestimmt anstrengend.» Zu meiner Erleichterung peilt Knöpfchen eine überschaubare Zahl an. «So drei» nämlich. Noch mal aha.

Ehrlich gesagt habe ich mir bislang meine alten Tage etwas anders ausgemalt. Aber wir können uns die Herausforderungen eben nicht immer selbst wählen, oder? Und was genau sollte ich meiner Tochter raten, wenn sie mich fragte nach einer Strategie, ihr Leben einzurichten?

Ich holte tief Luft. «Das wichtigste ist, daß du überhaupt weißt, was du willst. Kinder und Beruf, das ist o.k.; aber du mußt wissen, daß das eine ziemlich anstrengende ...» Hier hielt ich plötzlich die Luft an – was war denn da in mich gefahren? Wie kam ich überhaupt dazu, meiner Tochter vorzuschreiben, wie sie später die berühmte Frauenfrage beantworten sollte? Konnte ich nicht einfach froh sein, daß sie sich nach Kräften bemühte, allein klarzukommen und selbständig zu werden? Daß ich offenbar nicht nur den Eindruck einer gehetzten, überforderten, übelgelaunten Mutter hinterlasse?

«Genau», ergänzte ich und versuchte, mein ganz junges Lächeln dazuzureichen. «So könnte ich es mir auch vorstellen. Du schaffst es bestimmt. Aber ich

242

mach deinen Kindern nicht jeden Tag Spaghetti oder Apple Crumble. Die müssen auch mal richtiges Gemüse essen.»

Und außerdem (das behielt ich für mich) werde ich in diesem Lebensabschnitt mein Punkte-Programm neu sortieren. Statt sechs müssen es dann doch zwölf Punkte sein für einen Tag, der den roten Kreis bekommt.

Wie die Dinge liegen, ist das Programm der beste Begleiter für das, was mir in den kommenden dreißig Jahren noch bevorsteht. Es ist ein verdammt harter Job, eine Heilige zu sein, sagt Nick Nolte in dem amerikanischen Film «Herr der Gezeiten». Das Punkte-Programm macht ihn erträglich.

So gesehen kann mir dieser Vater, der einer Rabenmutter wie mir mal ordentlich die Meinung sagen wollte, doch nur leid tun.

Literaturliste

Elisabeth Badinter: Die Mutterliebe. Geschichte eines Gefühls vom 17. Jahrhundert bis heute, München 1981.

Biddulph, Steve: Das Geheimnis glücklicher Kinder, München 1994.

Engelhard, Anke: Frederic & Geraldine. Vom Abenteuer, eine moderne Mutter zu sein, Berlin 1998.

Eversmann, Susanne/Kunstmann, Antje (Hg.): When I'm Forty-Four. Kursbuch Älterwerden, München o. J.

Frenkel, Xenia: Was macht die Bananenschale unterm Bett? Im Kinderchaos Nerven bewahren und Spielregeln finden, Freiburg 1997.

Friesen, Astrid v.: Geld spielt keine Rolle. Erziehung im Konsumrausch, Reinbek 1991.

Gaedemann, Claus: Ich habe immer Zeit. Zeitökologie, Kreuzlingen 1997.

Grabrucker, Marianne: Karrieremütter – Superkids? Berufstätige Frauen und ihre erwachsenen Kinder ziehen Bilanz, Frankfurt/M. 1997.

Haug-Schnabel, Gabriele/Beusel, Joachim/Kirkilionis, Evelin: Mein Kind in guten Händen, Freiburg 1997.

Kramer, Gisela: Wer ist die Beste im ganzen Land? Konkurrenz unter Frauen, Frankfurt/M. 1993.

Liebich, Daniela: Mit Kindern richtig reden, Freiburg 1996.

Missfits: Kennse einen, kennse alle, Bergisch-Gladbach 1996.

Müller-Kadenberg, Rieke: Mütter mit Beruf, Balance zwischen Kindern, Partner und Kollegen, Reinbek 1990.

Purves, Libby: Die Kunst, (k)eine perfekte Mutter zu sein, München 1993.

Roland-Schellack, Eva: Kinder, Krisen und Karrieren. Junge Frauen heute, Reinbek 1994.

Schenk, Herrad: Wieviel Mutter braucht der Mensch? Der Mythos von der guten Mutter, Reinbek 1998.

Schneider, Regine: Gute Mütter arbeiten. Ein Plädoyer für berufstätige Frauen, Frankfurt/M. 1997.

Schneider, Regine: Die kleine Bosse. Wenn der Nachwuchs die Führung übernimmt, Reinbek 1999.

Nathaniel Branden
Ich liebe mich auch *Selbstver-*
trauen lernen
(rororo sachbuch 18486)

Wayne W. Dyer
Mut zum Glück *So über-*
winden Sie Ihre inneren
Grenzen
(rororo sachbuch 60230)
Der wunde Punkt *Die Kunst,*
nicht unglücklich zu sein.
Zwölf Schritte zur Über-
windung unserer seelischen
Problemzonen
(rororo sachbuch 17384)

Daniel Hell
Welchen Sinn macht Depression?
Ein integrativer Ansatz
(rororo sachbuch 19649)

Klaus Kaufmann-Mall /
Gudrun Mall
Wege aus der Depression *Hilfe*
zur Selbsthilfe
(rororo sachbuch 60232)

Peter Lauster
Lassen Sie der Seele Flügel
wachsen *Wege aus der*
Lebensangst
(rororo sachbuch 17361)

Karin Mager
Bevor Sie aus der Haut fahren
Wie Sie fair und selbst-
bewußt Konflikte meistern
(rororo sachbuch 60744)

Robin Norwood
Warum gerade ich? *Ein*
Ratgeber für die schwierig-
sten Situationen des Lebens
(rororo sachbuch 60126)

Tim Rohrmann
Junge, Junge – Mann, o Mann
Die Entwicklung zur
Männlichkeit
(rororo sachbuch 19671)

Geneen Roth
Essen als Ersatz *Wie man den*
Teufelskreis durchbricht
(rororo sachbuch 18493)

Edward Shorter
Von der Seele in den Körper *Die*
kulturellen Ursprünge
psychosomatischer
Erkrankungen
(rororo sachbuch 60701)

Sigrid Steinbrecher
Die Vaterfalle *Die Macht der*
Väter über die Gefühle der
Töchter
(rororo sachbuch 60739)

David Weeks / Jamie James
Exzentriker *Über das*
Vergnügen, anders zu sein
(rororo sachbuch 60549)

Jürg Willi
Ko-Evolution *Die Kunst*
gemeinsamen Wachsens
(rororo sachbuch 18536)

Weitere Informationen in der
Rowohlt Revue, kostenlos im
Buchhandel, oder im
Internet: **www.rororo.de**

Dietmar Juli /
Angelika Schulz
Stressverhalten ändern lernen
*Vorbeugung und Hilfe bei
psychosomatischen
Störungen und Krankheiten*
(rororo sachbuch 60214)
Stress als Krankheitsfaktor
ist nicht mit einfachen Rezepten
zu bewältigen. Die gutge-
meinten Empfehlungen pop-
ulärer Ratgeber lassen meist
außer acht, daß die Reaktion
auf Belastungen individuell
sehr verschieden ist. Jedes
gesundheitsschädliche Stressverhalten ist Folge einer persönlichen Entwicklung, die
erkannt werden muß, damit
Änderungen möglich werden.
Hier setzt dieses Buch an; es
verbindet das medizinische
Stresskonzept mit Aussagen
der psychologischen Lern-
theorie.

Gisa Briese-Neumann
Herausforderung Stress
*Gesund durch Körper-
und InnerManagement*
(rororo sachbuch 60212)
Das vorliegende Buch soll Sie
in die Lage versetzen, Stress
und Konfliktpotential zu
erkennen und deren Ursachen
gezielt zu vermeiden und zu
überwinden. Das Besondere
an Gisa Briese-Neumanns
Ansatz ist, daß dies auf drei
Ebenen geschieht: im körperlichen, im geistigen und im
seelischen Bereich.

Paul Wilson
Wege zur Ruhe *100 Tricks
und Techniken zur
schnellen Entspannung*
(rororo sachbuch 60119)

Paul Wilson
Zur Ruhe kommen *Einfache
Wege zur Meditation*
(rororo sachbuch 60533)

Rolf Degen
Der kleine Schlaf zwischendurch
*In Minuten frisch, erholt
und fit*
(rororo sachbuch 60213)
Nickerchen, Powerschlaf,
Siesta, Nap – der kleine Schlaf
zwischendurch hat viele Namen
und ist so alt wie die Mensch-
heit selbst. In unserer
modernen Stressgesellschaft
bekommt er als Fitness- und
Wellnessbringer eine völlig
neue Bedeutung. Der Mini-
schlaf hat nicht nur gesund-
heitsfördernde Wirkungen,
sondern kann auch gezielt
eingesetzt werden, um den
Nachtschlaf ganz oder teilweise zu ersetzen.

Ein Gesamtverzeichnis aller
lieferbaren Titel der Reihe
rororo gesundes leben finden
Sie in der *Rowohlt Revue*.
Vierteljährlich neu kostenlos
in Ihrer Buchhandlung.

Reinhard Tausch
Hilfen bei Streß und Belastung
Vollständig überarbeitete und erweiterte Neuausgabe
(rororo sachbuch 60124)
«In seinem Taschenbuch *Hilfen bei Stress und Belastung* hat Tausch die Problematik einfühlsam, gut verständlich und Hilfe zur Selbsthilfe gebend behandelt.
Frankfurter Allgemeine Zeitung

Seit ihrer Krebserkrankung setzte sich **Dr. Anne-Marie Tausch** gemeinsam mit ihrem Mann sehr intensiv mit der Erfahrung und der Bedeutung des Sterbens auseinander. Sie starb 1983 an ihrem Krebsleiden. **Professor Dr. Reinhard Tausch** arbeitet am Psychologischen Institut der Universität Hamburg.

Anne-Marie Tausch
Gespräche gegen die Angst
Krankheit – ein Weg zum Leben
(rororo sachbuch 18375)
«Gespräche gegen die Angst» Ist eine lebendige Darstellung der Erfahrungen schwer erkrankter Menschen und ihrer Helfer in der Familie, in Krankenhäusern und Arztpraxen. Durch mehrere hundert Gesprächsausschnitte und durch persönliche Erlebnisberichte der Autorin bekommt der Leser einen tiefen Einblick in die seelische, körperliche und soziale Situation der Erkrankten. Vor allem aber zeigt Anne-Marie Tausch die vielen Möglichkeiten und Wege eines angstfreien, hilfreichen Umgangs der direkt und indirekt Betroffenen mit der Erkrankung auf.

Anne-Marie Tausch /
Reinhard Tausch
Sanftes Sterben *Was der Tod für das Leben bedeutet*
(rororo sachbuch 18843)
«Es spricht vieles dafür, daß von diesem Buch Veränderung ausgeht: Es bricht mit sanfter Radikalität ein Tabu, das Tabu des Todes. Und es informiert einfühlsam über alles, was beim Sterben, dem eigenen oder dem von Freunden und Verwandten, passiert. Jede Frage erhält eine Antwort.»
Süddeutsche Zeitung

Weitere Informationen in der **Rowohlt Revue**, kostenlos in Ihrer buchhandlung, oder im **Internet: www.rororo.de**

Die praktische Psychologie ist traditionell ein Schwerpunkt im Sachbuch bei *rororo*. Praxisorientierte Ratgeber leisten Hilfestellung bei privaten und beruflichen Problemen.

Kuni Becker
Die perfekte Frau und ihr Geheimnis *Eß- und Brechsucht: Hilfen für Betroffene und Angehörige*
(rororo sachbuch 9576)

Annette Bopp /
Sigrid Nolte-Schefold
StiefKinder – RabenEltern – RabenKinder – StiefEltern
Leben in einer Patchworkfamilie: Probleme erkennen, Perspektiven gewinnen
(rororo sachbuch 60541)

J. Frances Casey / L. Wilson
Ich bin viele *Eine ungewöhnliche Heilungsgeschichte*
(rororo sachbuch 19566)

Gerd Hennenhofer /
Klaus D. Heil
Angst überwinden *Selbstbefreiung durch Verhaltenstherapie*
(rororo sachbuch 60231)

Eleonore Höfner /
Hans-Ulrich Schachtner
Das wäre doch gelacht! *Humor und Provokation in der Therapie*
(rororo sachbuch 60231)

Eva Jaeggi
Zu heilen die zerstoßnen Herzen
Die Hauptrichtungen der Psychotherapie und ihre Menschenbilder
(rororo sachbuch 60352)

Spencer Johnson
Ja oder Nein. Der Weg zur besten Entscheidung *Wie wir Intuition und Verstand richtig nutzen*
(rororo sachbuch 19906)

Ursula Lambrou
Helfen oder aufgeben? *Ein Ratgeber für Angehörige von Alkoholikern*
(rororo sachbuch 19955)

Frank Naumann
Miteinander streiten *Die Kunst der fairen Auseinandersetzung*
(rororo sachbuch 19795)

Ann Weiser Cornell
Focusing – Der Stimme des Körpers folgen *Anleitungen und Übungen zur Selbsterfahrung*
(rororo sachbuch 60353)

Weitere Informationen in der **Rowohlt Revue,** kostenlos im Buchhandel, oder im **Internet: www.rororo.de**